Karl-Hans Seyler

Rechtschreiben

Neue Kurzdiktate
Rechtschreibstrategien
Leistungstests

10. Jahrgangsstufe

© pb-Verlag • 82178 Puchheim • 2009

ISBN 978-3-89291-003-9

Rechtschreibstrategien 7.-10. Band I

Gerd Stuckert

- Mitsprechwörter
- Nach(Denk)wörter
- Merkwörter
- Fremdwörter
- Wortbausteine

NEU

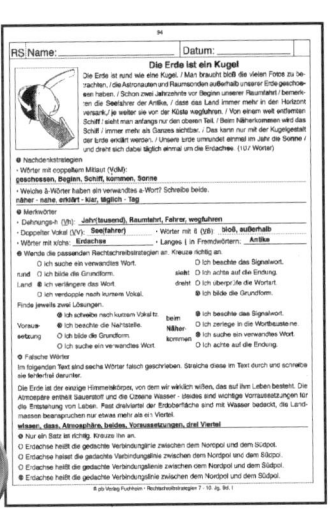

I. Grundvoraussetzungen zum richtigen Schreiben
1. Die häufigsten Wörter der deutschen Sprache
2. Zusammengesetzte Kleinschreibung

II. Nachdenkwörter
1. Wörter mit doppeltem Mitlaut
2. Wörter mit ck oder tz
3. Wörter mit ie
4. Wörter mit ä oder äu
5. Wörter mit b, d, g oder h am Wortende

III. Merkwörter
1. Wörter mit Dehnungs-h und doppeltem Vokal (aa, ee, oo)
2. Wörter mit ss und ß
3. Wörter mit dem ks-Laut (x, chs, ks, cks, gs)
4. Meine Merkwörterliste

IV. Fremdwörter
1. Einführung
2. Aussprache, Schreibweise und Bedeutung von Fremdwörtern
3. Der i-Laut in Fremdwörtern
4. Fremdwörter mit V/v
5. Fremdwörter mit Y/y
6. Fremdwörter mit Ph/ph und Th/th
7. Wortbausteine am Wortanfang von Fremdwörtern
8. Die wichtigsten Endbausteine bei Fremdwörtern
9. Fremdwörter mit zwei Schreibweisen
10. Fremdwörter und ihre Bedeutung
11. Fremdwörter (Merkwörter)
12. Fremdwörter (Denk- und Merkwörter)

V. Wortbausteine erkennen und ganz ausschreiben
1. Wortstamm und Wortfamilie
2. Vorsilben und Kurzwörter
3. Nachsilben
4. Übersicht über Wortbausteine
5. Zusammengesetzte Wörter
6. Schwierige Nahtstellen bei abgeleiteten und zusammengesetzten Wörtern
7. Der Fugenbaustein
8. Mehrfachstrategien bei abgeleiteten und zusammengesetzten Wörtern

VI. Zur wirksamen Bekämpfung von Fehlern
1. Häufige Fehlerwörter
2. So verbessere ich Fehler
3. Im Wörterbuch nachschlagen

VII. Übungstexte zu den Rechtschreibstrategien
1. Die Erde ist eine Kugel
2. Die Märtyrer-Lüge
3. Ausländer erwünscht
4. Immer mehr Waren „Made in China"
5. Fahrzeug oder Stehzeug?
6. Prüfungen gehören zum Leben

Rechtschreibstrategien 7.-10. Bd. I
Nr. 393   108 Seiten   € 19,90

Rechtschreibstrategien 7.-10. Band II

Gerd Stuckert

Die neueste Rechtschreibung

Alle neuen Regeln locker, leicht und entspannt lernen
- Ski laufen / hochgebildet
- eislaufen / hochbegabt
- Marathon laufen / hoch begabt
- marathonlaufen

NEU

1. Groß- und Kleinschreibung
Großschreibung
1. Signalwörter machen andere Wörter zu Nomen
   a. Artikel
   b. Adjektive
   c. Präpositionen (mit verstecktem Artikel)
   d. Pronomen
   e. Unbestimmte Zahlwörter (etwas, nichts, viel)
   f. Dazugedachter Artikel
2. Häufig als Nomen verwendete Wörter - das Ganze nun im Einzelnen
3. Nomen in festen Verbindungen
   a. Feste Verbindungen von Nomen und Verb - Auto fahren, Anteil nehmen
   b. Feste Verbindungen von Präposition und Nomen - im Grunde
   c. Feste Verbindungen von Präposition, Nomen und Verb - außer Acht lassen
   d. Feste Verbindungen mit zwei Schreibweisen - auf Grund/aufgrund
   e. Mehrteilige Eigennamen (Karl der Große, der Stille Ozean)
4. Herkunftsbezeichnungen (Kölner Dom, Münch(e)ner Oktoberfest)

Kleinschreibung
1. Wörter, die sich auf ein Nomen beziehen
2. Adverbien bei Zeitangaben (heute, abends)
3. Abgeleitete Adjektive auf „-isch" und „-uch"
4. Unbestimmte Zahlwörter (ein, andere, viel, wenig)
5. Die Anredepronomen „du" und „dein"

Groß- oder Kleinschreibung
1. Einige Nomen in Verbindung mit sein, bleiben, werden (pleite sein)
2. Großschreibung im Überblick
3. Kleinschreibung im Überblick
4. Gegenüberstellung von Groß- und Kleinschreibung
5. Test zur Groß- und Kleinschreibung
6. Texte
   a. Kennst du diese Stadt?
   b. Alkohol - eine schleichende Gefahr

II. Zusammen- und Getrenntschreibung
Zusammenschreibung
1. Zusammengesetzte Nomen und Adjektive
2. Zusammengesetzte Verben
   a. Verbindungen aus Adverb + Verb
   b. Nomen als erster Bestandteil des Verbs (heimgehen, teilnehmen)
   c. Verbindungen mit unselbstständigem ersten Bestandteil - fehlschlagen

Getrenntschreibung
1. Verbindungen mit einem Verb (als zweitem Bestandteil)
   a. Nomen + Verb (Auto fahren, Angst haben)
   b. Verb + Verb (spazieren gehen, schreiben lernen) / Verb + Verb (sitzen bleiben/sitzenbleiben)
   c. Verbindungen mit sein/gewesen (da sein, da gewesen)
   d. Adjektiv + Verb (schnell fahren, richtig rechnen) / Adjektiv + Verb (gutschreiben, freisprechen)
2. Verbindungen mit einem Adjektiv oder Partizip
3. Weitere Verbindungen
   a. Verbindungen mit „so", „wie", „zu", „allzu" und „gar" (so viele)

b. Feste Verbindungen von Präposition, Nomen und Verb (zu Ende gehen)

Zusammen-/Getrenntschreibung
1. Zusammen- oder Getrenntschreibung „mal" als Wortbaustein, „Mal" als Nomen
2. Zusammen- und Getrenntschreibung - beide Schreibweisen möglich
3. Die 10 wichtigsten Regeln zur Zusammen- und Getrenntschreibung
4. Übersicht über die Zusammen- und Getrenntschreibung
5. Übungen zur Zusammen- und Getrenntschreibung
6. Text: Kann man selbstständiges Handeln lernen
7. Test zur Zusammen- und Getrenntschreibung

III. Trennung von Wörtern am Zeilenende

IV. Zeichensetzung: Die wichtigsten Satzzeichen
1. Punkt, Fragezeichen und Ausrufezeichen
2. Kommasetzung
   a. Komma bei Aufzählungen
   b. Kommasetzung in Satzreihen (zwischen Hauptsätzen)
   c. Kommasetzung in Satzgefügen
   d. Kommasetzung bei Zusätzen oder Nachträgen
   e. Kommasetzung bei Anreden und Ausrufen
3. Die Zeichensetzung bei der wörtlichen Rede
4. Der Bindestrich

Rechtschreibstrategien 7.-10. Bd. II
Nr. 593   88 Seiten   € 17,90

Die neue Rechtschreibprüfung

Gerd Stuckert

NEU

Vorbemerkungen
Inhaltsverzeichnis
Benotungstabellen

Einteilung der Wörter nach ihrer rechtschriftlichen Besonderheit
Häufige Fehlerwörter
Zum Aufbau eines Grundwortschatzes
Häufigkeitswörter-Liste
Wichtige Rechtschreibstrategien
Merkwörter-Liste (mit Fremdwörtern)
Mehrfachstrategien bei abgeleiteten und zusammengesetzten Wörtern

I. Teil
Diktate (Übungstexte)
1. Arbeiten rund um die Uhr
2. Urlaub im Weltraumhotel
3. Kinder ohne Zukunft
4. Jugendliche in der Schuldenfalle
5. Lernen will gelernt sein
6. Ein historischer Tag
7. Soll man Computerspiele verteufeln?
8. Konsum ab Pump
9. Traumjob gesucht
10. Rettet die Umwelt

II. Teil
Diktate (simulierte Prüfung)
1. Sturzhelm auch für Radfahrer?
2. Das ganze Jahr Unverschämtheit
3. Sich krankschreiben für ein gesundes Leben
4. Das Vorstellungsgespräch
5. Wahlrecht für 16-Jährige

III. Teil
Weitere Diktate (Übungstexte)

Anhang
Wörter nachschlagen und trainieren
Unregelmäßige Verben
Wortfamilien häufiger Fehlerwörter
Grammatik: Grundbegriffe

Die neue Rechtschreibprüfung
Nr. 643   81 Seiten   € 17,90

Fremdwörter verstehen und richtig schreiben

Gerd Stuckert

7. - 10. Jahrgangsstufe

Geografie - Mikroskop - Biologie

NEU

I. Fremdwörter und ihre Herkunft
II. Aussprache und Schreibweise von Fremdwörtern
III. Wortbausteine bei Fremdwörtern
1. Wortbausteine am Wortanfang
2. Wortbausteine am Wortende
3. Zusammengesetzte Wörter
IV. Rechtschriftliche Besonderheiten bei Fremdwörtern
Leichte und schwierige Fremdwörter
1. Fremdwörter mit nur einem Mitlaut nach kurzem Vokal
2. Fremdwörter mit doppeltem Mitlaut
3. Fremdwörter mit k-Laut (kt, ck, kk) und zz
4. Der i-Laut in Fremdwörtern
5. Fremdwörter mit doppeltem Vokal (ee, oo)
6. Fremdwörter mit V/v
7. Fremdwörter mit x
8. Fremdwörter mit y
9. Fremdwörter mit C/c und Ch/ch
10. Fremdwörter mit Ph/ph und Th/th
Merkwörterliste

V. Fremdwörter mit zwei Schreibweisen
VI. Der Plural bei Fremdwörtern
VII. Gebrauch und Bedeutung von Fremdwörtern
1. Notwendige und unnötige Fremdwörter
2. Fremdwörter und ihre Bedeutung
3. Fremdwörtertests
VIII. Texte mit Fremdwörtern
1. Mobbing
2. Mit wenig Geld in die Welt
3. Champion im Mülltrennen
4. Safer Skating
5. Droht unserer Erde eine Klimakatastrophe?
IX. Ausgewählte Fremdwörter

Fremdwörter 7.-10.
Nr. 669   74 Seiten   € 16,90

Stand der Preise 2009 - Bitte beachten Sie unsere aktuelle Preisliste!

Vorwort

Im vorliegende Band haben Sie als Lehrkraft die Möglichkeit, zu ausgewählten Thematiken der Jahrgangsstufe 10 ein Übungs- und Testdiktat zu schreiben. Um Ihre Schüler gezielt und fundiert auf die Abschlussprüfung vorzubereiten, ist es sinnvoll, sich rechtzeitig, das heißt, schon zu Beginn des Jahres, mit den Kriterien der Prüfung auseinanderzusetzen und sie längerfristig einzuüben. Sie können das leicht und ohne viel Aufwand mit den 40 in diesem Band angebotenen Kurzdiktattexten tun. Im 14-tägigen Wechsel können Sie ein Übungsdiktat und ein Testdiktat schreiben.
Das angebotene Bildmaterial kann zur Erhellung der Sachverhalte zu Beginn der Diktate als Motivation oder bei der Verbesserung am Ende der Diktate eingesetzt werden.

Der Bereich Rechtschreiben gliedert sich in Abschlussprüfungen in zwei Teile.

1. Teil: Das modifizierte Diktat oder Kurzdiktat (15 Minuten)
Längere Diktate mit 200 oder mehr Wörtern werden ersetzt durch einen erheblich kürzeren Diktattext mit rund 70 bis 80 Wörtern, wobei die Diktierzeit zehn Minuten beträgt. Danach hat der Schüler die Möglichkeit, innerhalb von fünf Minuten mithilfe des Wörterbuches sein Diktat unter Aspekten der Rechtschreibung zu überprüfen. Anschließend sammelt die Lehrkraft die Schülerarbeiten ein.
Bei der Korrektur wird von der maximal zu vergebenden Punktzahl (6 Punkte) pro Fehler ein Punkt abgezogen. Die verbleibenden Punkte werden zu den erreichten Punkten aus dem Theorieblock (maximal 6 Punkte) addiert. Aus der sich ergebenden Gesamtpunktzahl (maximal 12 Punkte) wird die Note ermittelt.

2. Teil: Der Theorieblock (15 Minuten)
Hier kommen bestimmte Rechtschreibstrategien zur Anwendung, wie z. B. Dehnungen, Schärfungen, Mitlautverdopplungen u. a. Auch eine Überprüfung des rechtschriftlichen Wissens im Hinblick auf Fehlerwörter, Zeichensetzung und Grammatik findet im Theorieblock statt. Hier kann der Schüler ebenfalls das Wörterbuch zu Hilfe nehmen. Dennoch sollte im Theorieblock versucht werden, auf das Wörterbuch zu verzichten.

Benotung:
Der Schlüssel unten kann als Bewertungsgrundlage herangezogen werden.
Er ist auch prüfungsrelevant.

Note 1: 12,0 – 10,5 Punkte
Note 2: 10,0 – 8,5 Punkte
Note 3: 8,0 – 6,5 Punkte
Note 4: 6,0 – 4,5 Punkte
Note 5: 4,0 – 2,5 Punkte
Note 6: 2,0 – 0 Punkte

Texte nach:
FAZ NET / meer-usedom.de / Planet Wissen / Süddeutsche Zeitung Online / Spiegel Online / Wikipedia / Zeit Online

Inhaltsverzeichnis

Vorwort — 3

Kurzdiktate/Theorieteil

1. Klimakatastrophe — 5
2. Die Entstehung des Lebens — 7
3. Der Aufstieg des Menschen — 9
4. Evolutionsforschung — 11
5. Seuchen — 13
6. Intelligenz — 15
7. Die Ilias — 17
8. Werbung — 19
9. Die Immobilienkrise in den USA — 21
10. Johann Wolfgang von Goethe — 23
11. Die Rote Armee Fraktion — 25
12. Die UNO — 27
13. Deutsch-israelische Beziehungen — 29
14. Konsum — 31
15. Ozon und Smog — 33
16. Wasserverschmutzung — 35
17. Auf dem Meeresgrund (Prüfung 2008) — 37
18. Pressefreiheit — 39
19. Bertolt Brecht — 41
20. Albert Einstein — 43

Lösungen Theorieteil

1. Klimakatastrophe — 45
2. Die Entstehung des Lebens — 46
3. Der Aufstieg des Menschen — 47
4. Evolutionsforschung — 48
5. Seuchen — 49
6. Intelligenz — 50
7. Die Ilias — 51
8. Werbung — 52
9. Die Immobilienkrise in den USA — 53
10. Johann Wolfgang von Goethe — 54
11. Die Rote Armee Fraktion — 55
12. Die UNO — 56
13. Deutsch-israelische Beziehungen — 57
14. Konsum — 58
15. Ozon und Smog — 59
16. Wasserverschmutzung — 60
17. Auf dem Meeresgrund (Prüfung 2008) — 61
18. Pressefreiheit — 62
19. Bertolt Brecht — 63
20. Albert Einstein — 64

Kurzdiktat
Klimakatastrophe

❶ **Übungsdiktat:**

Schutzmaßnahmen gegen Stürme

Klimamodelle und Prognosen zur Klimaentwicklung erlauben es inzwischen, / Vorkehrungen zu treffen, / um sich gegen Fluten, Dürren oder auch Wirbelstürme zu schützen. / Die Stärke von Hurrikanen ist beispielsweise vom Meer abhängig. / Warmes Wasser an der Oberfläche steigert die Gewalt eines Sturms, / was besonders in der Karibik der Fall ist. / Unter dem Trichter eines Hurrikans entsteht ein Sog, / der Wasser aus der Tiefe nach oben zieht. / Je kälter dieses Tiefenwasser ist, / desto mehr verliert der Hurrikan an Kraft.
(79 Wörter)

❷ **Testdiktat:**

Globale Erwärmung

Grundsätzlich befindet sich das Erdklima / nach der letzten Eiszeit vor 11 500 Jahren / zwar in einer natürlichen Warmphase, / doch mehren sich die Indizien, / dass der Mensch diesen Prozess deutlich beschleunigt – / und zwar durch die Freisetzung von Treibhausgasen, / insbesondere Kohlendioxid, / durch den Verbrauch von Erdöl und Kohle / sowie durch Brandrodungen. Im 20. Jahrhundert stieg die durchschnittliche Temperatur um etwa 0,6 Grad an. / Folgen der Erwärmung: / Das Wasser dehnt sich aus, / das Eis beginnt an den Polen zu schmelzen, / der Meeresspiegel steigt.
(81 Wörter)

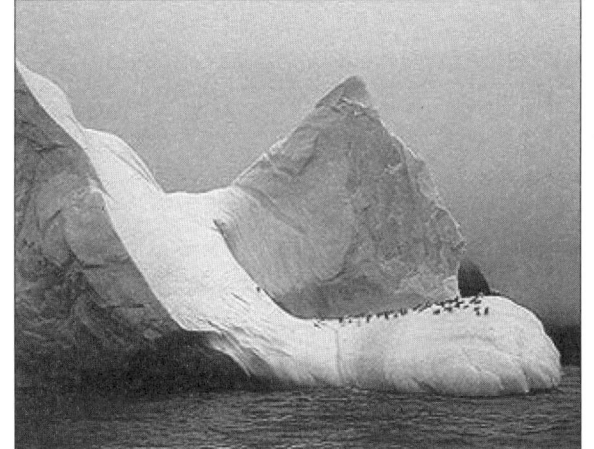

Theorieblatt
Klimakatastrophe

❶ Finden Sie die passende Rechtschreibstrategie heraus, um das Wort an der markierten Stelle richtig schreiben zu können. Schreiben Sie auf die Leerzeilen. (1,5 P.)

a. Sonneneinstr**ah**lung _____

b. fo**ss**ile Stoffe _____

c. **p**ublizieren _____

❷ Im Text unten befinden sich vier Fehler. Streichen Sie die falschen Wörter durch und schreiben Sie diese richtig darunter. (2 P.)

Welche weitere Erwärmung in Zukunft auf uns zu kommt, hängt neben den Annahmen über die Temperaturerhöhung bei einer Kohlendioxid-Verdoppelung von den Annahmen über künftige Emmissionen an Treibhausgasen und – davon abhängig – ihre künftige Konzentration in der Atmosphäre ab. Je nach Zenario liegt die mögliche Erwärmung im 21. Jahrhundert zwischen 1,1 und 6,4 C.

❸ Setzen Sie die vier fehlenden Satzzeichen ein. (2 P.)

Michaela anwortet Die Erde ist unterteilt in fünf verschiedene Klimazonen die tropischen Regenklimate, Trockenklimate, warmgemäßigte Regenklimate, Schneeklimate und Eisklimate.

❹ Kreuzen Sie den richtig geschriebenen Satz an. (0,5 P.)
- ☐ *Extreme Wetterlagen werden zunehmen, und wahrscheinlich werden Taifune und Hurikans heftiger werden.*
- ☐ *Extreme Wetterlagen werden zunehmen, und wahrscheinlich werden Tayfune und Hurikans heftiger werden.*
- ☐ *Extreme Wetterlagen werden zunehmen, und wahrscheinlich werden Taifune und Hurrikans heftiger werden.*

Gesamtpunktzahl: 6 Punkte

Kurzdiktat
Die Entstehung des Lebens

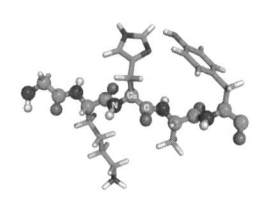

❶ Übungsdiktat:

Der Ur-Ozean

Vor vier Milliarden Jahren schleuderten auf der Erde / Vulkane giftige Gase und Gesteinsbrocken in die noch dünne Atmosphäre. / Hin und wieder schlugen Asteroiden ein, / die das Ozeanwasser zum Kochen brachten. / In der Tiefe des Urmeeres strömte aus bizarren Schloten, / den sogenannten „black smokers", / eine heiße Flüssigkeit. / Diese enthielt Gase und Minerale, / aus denen mit der Zeit erst einfache, / dann immer komplexere organische Verbindungen entstanden. / Aus komplexen Proteinen entwickelte sich die erste lebende Zelle, / die sich fortbewegen und vermehren konnte.
(81 Wörter)

❷ Testdiktat:

Das Miller-Experiment

Die bekannteste Theorie über die Entstehung von Leben auf der Erde / ist die sogenannte „Ursuppen"-Theorie. / 1953 führte der junge Chemie-Student Stanley Miller einen Versuch durch, / in dem er ein Gemisch aus Wasser, / Methan, Ammoniak und Wasserstoff zum Sieden brachte – / der brodelnde, aus anorganischen Substanzen bestehende Urozean im Miniformat. / Um die gewaltigen Gewitter der Uratmosphäre zu simulieren, / verwendete Miller Elektroden, / an die er sehr hohe Spannungen anlegte. / In den Rückständen entdeckte Miller unter anderem Aminosäuren, / die Grundbausteine des Lebens.
(80 Wörter)

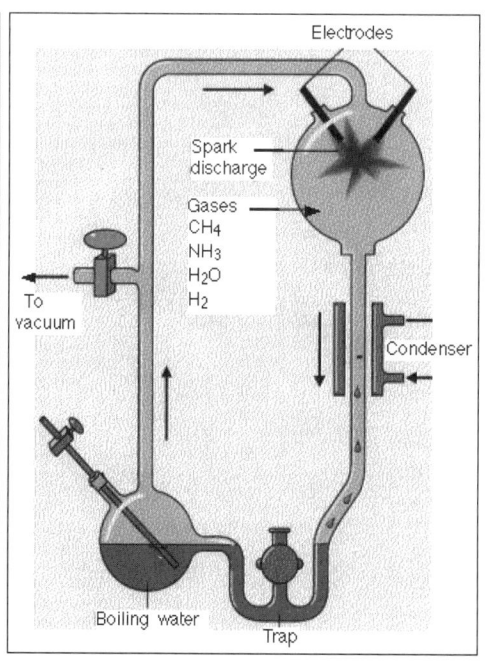

Theorieblatt
Die Entstehung des Lebens

Die ältesten Fossilien

Einblicke in die Arbeit der Evolution zu gewinnen ist ein ebenso Aufregendes wie schwieriges Unterfangen. Die vermeintlich ersten Lebensspuren, chemische Fingerabdrücke von Backterien aus einer Zeit von vor 3,8 Milliarden Jahren, scheinen nach neuen Erkenntnissen doch nicht biologischen Ursprungs zu sein. Je handfester die Beweise, desto besser. Die ältesten Fossilien, die man bislang gefunden hat, führen in die Urmeere des Archaikums und sind 3,5 Milliarden Jahre alt: fadenförmige Zellen aus Kieselgesteinen in Westaustralien, wahrscheinlich Blaualge.

❶ Im Text befinden sich vier falsch geschriebene Wörter. Schreiben Sie sie richtig auf. (2 P.)

_____ _____

_____ _____

❷ Wandeln Sie den folgenden Satz in die indirekte Rede um. (1 P.)

Erich von Däniken behauptet: „Außerirdische sind vor Jahrtausenden auf der Erde gelandet und haben Einfluss auf die Entwicklung der Menschheit genommen."

_____

_____

❸ Wandeln Sie den Satz so um, dass ein Satzgefüge entsteht. (1,5 P.)

Trotz der Entdeckung einiger Aminosäuren war die Entstehung des Lebens noch nicht bewiesen.

_____

_____

❹ Setzen Sie im nachfolgenden Satz das richtige Wort ein und begründen Sie dessen Schreibweise. (1 P.)

Das ist eine Hypothese, der heute nicht _____ (wiedersprochen / widersprochen) wird.

_____

_____

❺ Kreuzen Sie den Satz an, in dem alles richtig geschrieben ist. (0,5 P.)

☐ *Die experimentell bewiesene Theorie von der Ursuppe des Lebens machte welt weit Furrohre.*
☐ *Die experimentell bewiesene Theorie von der Ursuppe des Lebens machte Welt weit Furore.*
☐ *Die experiementell bewiesene Theorie von der Ursuppe des Lebens machte Weltweit Furrore.*
☐ *Die experimentell bewiesene Theorie von der Ursuppe des Lebens machte weltweit Furore.*

Gesamtpunktzahl: 6 Punkte

Kurzdiktat
Der Aufstieg des Menschen

❶ **Übungsdiktat:**

Der aufrechte Gang
Der Australopithecus afarensis lebte / rund 4 Millionen Jahre vor unserer Zeit in Afrika / und ist in fossilen Funden gut belegt. / Sein Gehirnvolumen war kaum größer als das eines Menschenaffen, / aber er konnte schon aufrecht gehen. /
Der aufrechte Gang wurde zum ersten Wesensmerkmal des menschlichen Körpers / und war die erste große Revolution in seiner Entwicklung. / Sie führte nämlich zur Arbeitsteilung der Gliedmaßen. / Beine und Füße übernahmen die Fortbewegung, / Arme und Hände wurden frei zum Greifen und Halten.
(79 Wörter)

❷ **Testdiktat:**

Kulturelle Anfänge
Mit dem Auftreten des Homo sapiens / war ein Lebewesen entstanden, / das sich seiner eigenen Existenz bewusst war / und dessen geistige Fähigkeiten zum Motor seiner Zukunft wurden. / Ein wichtiges Indiz ist die Bestattung der Toten. / Die Form des Grabes und Grabbeigaben bezeugen / eine Vorstellung vom Weiterleben nach dem Tod. / Über die religiösen Vorstellungen unserer Vorfahren / kann man nur spekulieren. / Zweifellos lebten sie auf einer „magischen" Kulturstufe. / Naturgewalten, Krankheiten und die ständige Bedrohung durch Raubtiere / erzeugten ein Grundgefühl von Angst.
(80 Wörter)

| DRS | Name: _____ | Datum: _____ |

Theorieblatt
Der Aufstieg des Menschen

❶ Finden Sie die passende Rechtschreibstrategie heraus, um das Wort an der markierten Stelle richtig schreiben zu können. Kreuzen Sie an. (1,5 P.)

a. Pa**l**ette
- ☐ Ich trenne das Wort.
- ☐ Ich muss mir das Wort merken.
- ☐ Ich kann das Wort ableiten.

b. H**y**pothese
- ☐ Ich suche verwandte Wörter.
- ☐ Ich trenne das Wort.
- ☐ Ich bilde den Plural.

c. **k**ulturell
- ☐ Ich beachte die Nachsilbe.
- ☐ Ich trenne das Wort.
- ☐ Ich steigere das Wort.

❷ Im Text unten befinden sich vier Fehler. Streichen Sie die falschen Wörter durch und schreiben Sie diese richtig darunter. (2 P.)

Unter dem Druck einer gnadenlosen eiszeitlichen Umwelt hatte sich das Neandertaler-Gehirn auf ein gewalltiges Volumen vergrößert. Doch konnten sie die Erkenntnisse, die in diesen zum Teil 1600 Kubikzentimeter großen Denkapperat gespeichert waren, genau so effizient untereinander austauschen und an die Nachkommenschaft weitergeben, wie wir das können? Die Meinungen der Forscher gehen hier teilweise betrechtlich auseinander.

_____   _____

_____   _____

❸ Welche Wörter müssen großgeschrieben werden? Verbessern Sie den Text unten. Jeder Fehler gibt einen halben Punkt Abzug. (1,5 P.)

Aus der wölbung des schädels schloss man, der kehlkopf habe bei den neandertalern höher gelegen. der gesamte stimmapparat sei affenähnlicher gewesen, so dass sie nicht das ganze menschliche lautspektrum hervorbringen konnten.

❹ Setzen Sie die passenden Wörter unten ein. Jeder Fehler gibt einen halben Punkt Abzug. (1 P.)

• Der Neander war erheblich schwerer _____ der Cro-Magnon-Mensch.

• Schimpansen haben dasselbe Gehirnvolumen _____ der Australopithecus afarensis.

• Der _____ Hominide steht in der Abbildung auf der rechten Seite.

Gesamtpunktzahl: 6 Punkte

Kurzdiktat
Evolutionsforschung

❶ Übungsdiktat:

Evolutionstheorien

Die Epoche von Linné bis Darwin / war geprägt vom Streit um die Deutung / der wachsenden Anzahl neu entdeckter Arten. / Lamarck entwickelte eine Abstammungslehre, / dessen Grundgedanke es war, / dass die Lebewesen eine abgestufte Ähnlichkeit haben. / Nach seiner Auffassung verursacht / die Veränderung der Umwelt veränderte Bedürfnisse, / und der Gebrauch oder Nichtgebrauch von Organen bewirkt / langfristig eine Abänderung oder Rückbildung. / Der Brite Darwin kam zum Schluss, / dass im Kampf ums Dasein / nur die Varianten überleben können, / die den Umweltbedingungen am besten angepasst sind.
(81 Wörter)

Jean-Baptiste de Lamarck

Vorgeben: Linné, Lamarck

❷ Testdiktat:

Evolution und Genetik

Die Genetik war zu Darwins Zeiten ein / noch weitgehend unerforschtes Gebiet. / Erst Ernst Mayr bringt Darwins Konzept der Selektion / mit den Erkenntnissen der modernen Genetik in Einklang / und gilt als Begründer des modernen biologischen Artkonzeptes. / So definiert Mayr auf der Grundlage seiner Forschung / die Isolation als das entscheidende Kriterium, / um zwei Arten zu unterscheiden. / Der US-Amerikaner Richard Dawkins vertritt die Ansicht, / dass das Gen die zentrale Einheit der Selektion ist, / das den Körper nur als „Vermehrungsmaschine" benutzt.
(80 Wörter)

Vorgeben: Mayr; Dawkins

Chromosomenstrang (Doppelhelix)

| DRS | Name: _____ | Datum: _____ |

Theorieblatt
Evolutionsforschung

Darwins Evolutionstheorie

Schließlich kommt Darwin zu dem Schluss, dass sich alles Leben aus verschiedenen Uhrformen durch die Jahrtausende verändert und entwickelt haben muss. Dabei stellt er folgende These auf: Die Arten verändern sich. Diese Veränderung ist ein Ergebnis der natürlichen Auslese, eines Kampfes um Dasein, den der am besten angepasste gewinnt. Das bedeutet, das nur die Tiere und Pflanzen überleben, die am schnellsten mit Veränderungen in ihrer Umwelt zurechtkommen, die sich am erfolgreichsten gegen ihre Feinde zur Wehr setzen und die das bestehende Nahrungsangebot am besten nutzen.

❶ Im Text befinden sich vier falsch geschriebene Wörter. Schreiben Sie diese richtig auf. (2 P.)

_____   _____

_____   _____

❷ Wandeln Sie den folgenden Satz in die indirekte Rede um. (1 P.)
Wissenschaftler fordern von Präsident Obama: „Die Politik muss den Einfluss des Intelligent Design deutlich einschränken."

_____

_____

❸ Wandeln Sie den Satz so um, dass eine Satzverbindung entsteht. (1,5 P.)
Darwins Lehre wird in den USA von Intelligent Design noch immer bekämpft, obwohl die Evolution der Lebewesen schon längst allgemein anerkannt ist.

_____

_____

❹ Setzen Sie im Satz unten das richtige Wort ein und begründen Sie dessen Schreibweise. (1 P.)
Doch (seit/seid) _____ Jahren lehnen sich Kreationisten gegen die Lehre Darwins auf.

_____

❺ Kreuzen Sie den Satz an, der die richtige Aussage trifft. (0,5 P.)
- ☐ *Lamarck vertrat die Auffassung, dass sich durch die Veränderung der Umwelt ein kontinuierlicher Artenwandel vollzieht.*
- ☐ *Lamarck vertrat die Ansicht, dass sich durch die Konstanz der Umwelt ein kontinuierlicher Artenwandel vollzieht.*
- ☐ *Lamarck vertrat die Meinung, dass sich durch die Veränderung der Umwelt ein plötzlicher Artenwandel vollzieht.*

Gesamtpunktzahl: 6 Punkte

Kurzdiktat
Seuchen

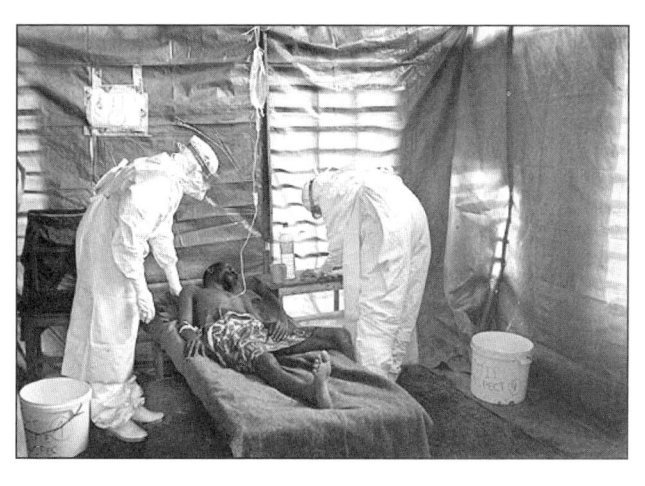

❶ Übungsdiktat:

Seuchen

Malaria, Pest, Cholera, Ruhr und Ebola – / allein der Klang dieser Namen jagt uns einen kalten Schauer über den Rücken. / Seuchen sind die Geißeln der Menschheit. / Sie sind hoch ansteckende Infektionskrankheiten, / die sich plötzlich massenhaft ausbreiten. / Der schwere Krankheitsverlauf fordert häufig zahlreiche Todesopfer. / Ausgelöst werden die meisten Seuchen durch Bakterien, / Pilze, Viren und Parasiten. / So alt wie das Erscheinen von Epidemien / ist auch das Bemühen der Menschen, / sich gegen den lautlosen und unbarmherzigen Tod zur Wehr zu setzen.
(78 Wörter)

❷ Testdiktat:

Bekämpfung von Seuchen

Wesentliche Erkenntnisse zur Bekämpfung von Infektionskrankheiten / erzielte die neue Disziplin der Mikrobiologie. / Robert Koch entdeckte Staphylokokken als Erreger von Wundinfektionen, / den Tuberkuloseerreger, den Choleraerreger / und züchtete den Milzbranderreger. / Eine der größten Errungenschaften der Medizin war 1929 / die Entdeckung der antibiotischen Wirkung von Penicillin / in Schimmelpilzkulturen durch Alexander Fleming. / Zehn Jahre später wurde Penicillin / als erstes Antibiotikum in die Heilkunde eingeführt. / Damit hatten die Menschen endlich eine wirksame Waffe / gegen bakterielle Erkrankungen wie / Pest und Tuberkulose in der Hand.
(81 Wörter)

Theorieblatt
Seuchen

Die Cholera
Eine der gefährlichsten Seuchen ist die Cholera. Sie ist eine Erkrankung der Darmschleimhaut, die zu permanenten Erbrechen und Durchfall führt. Der stetige Wasserverlust bewirkt die innere Austrocknung des Körpers und den Verlust lebenwichtiger Mineralien. Ohne Behandlung sterben bis zu zwei Drittel aller Erkrankten innerhalb von ein bis sechs Tagen. Hervorgerufen wird die Cholera durch eine Infektion mit dem Vibrio cholerae, einem im Wasser lebenden Bakterien, das gegen Austrocknung empfindlich ist. In Süsswasser sowie auf feuchtem Untergrund, teilweise auch in Salzwasser, kann es jedoch wochenlang überleben und sich vermehren.

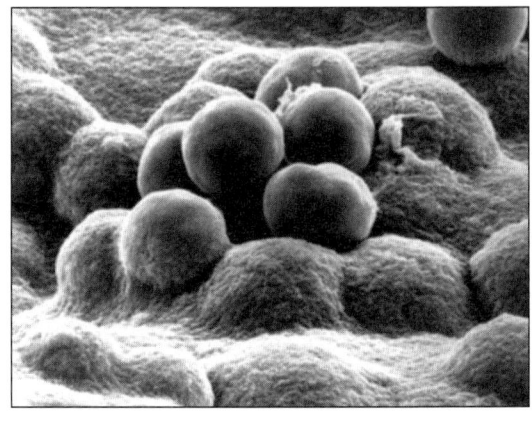

❶ Im Text befinden sich vier falsch geschriebene Wörter. Schreiben Sie diese richtig auf. (2 P.)

_____   _____

_____   _____

❷ Setzen Sie den folgenden Satz ins Passiv. (1 P.)
Robert Koch entdeckte 1883 den Erreger der Cholera, das Bakterium „Vibrio cholerae".

_____

_____

❸ Setzen Sie die richtige Konjunktion ein. (0,5 P.)

_____ das Cholerabakterium mit Wasser oder kontaminierten Lebensmitteln in den Körper gelangt, vermehrt es sich dort massenhaft im Darm.

❹ Setzen Sie im Text unten die drei fehlenden Satzzeichen ein. (1,5 P.)

Die Cholera kommt aus dem Griechischen heißt „Gallenbrechdurchfall" und ist eine schwere bakterielle Infektionskrankheit die vorwiegend den Dünndarm befällt.

❺ Welcher Satz ergibt keinen Sinn? Kreuzen Sie diesen Satz an. (0,5 P.)
- ☐ *Nicht jede Infektion führt zwangsläufig zu einer Erkrankung, wenn Krankheitserreger in den Körper gelangen.*
- ☐ *Eine Infektion führt dann nicht zu einer Erkrankung, wenn keine Krankheitserreger in den Körper gelangen.*
- ☐ *Jede Infektion führt zwangsläufig zu einer Erkrankung, wenn Krankheitserreger in den Körper gelangen.*
- ☐ *Natürlich kommt es nicht zu einer Erkrankung, wenn keine Krankheitserreger in den Körper gelangen.*

Gesamtpunktzahl: 6 Punkte

Kurzdiktat
Intelligenz

❶ Übungsdiktat:

Intelligenz

Intelligenz ist, vereinfacht ausgedrückt, die Fähigkeit, / Probleme und Aufgaben effektiv und schnell zu lösen / und sich in ungewohnten Situationen zurecht zu finden. / Trotzdem ist sich die Wissenschaft nicht einig, / wenn es um eine zutreffende und umfassende Definition geht. / Ein Teil der Wissenschaftler geht von einem einzigen Intelligenzfaktor, / dem „Generalfaktor g" aus, / der unterschiedlich hoch sein kann. / Andere Forscher wiederum favorisieren eine ganze Palette / voneinander relativ unabhängiger Intelligenzen wie verbales Verständnis, / räumliches Vorstellungsvermögen, Gedächtnis und Zahlenverständnis.
(76 Wörter)

❷ Testdiktat:

Intelligenz bei Tieren

Bei Wissenschaftlern ist die Intelligenz bei Tieren stark umstritten. / Da man sie nicht wie bei Menschen testen kann, / ist man auf Beobachtungen angewiesen. / Als intelligenteste Vertreter gelten die mit dem Menschen / genetisch eng verwandten Schimpansen. / Von ihnen weiß man, / dass sie nicht nur Werkzeuge benutzen, / sondern auch in vielfältiger Weise nonverbal / mit ihren Artgenossen kommunizieren. / Versuche haben gezeigt, / dass Schimpansen ganz offensichtlich durch Nachdenken / ihre angeborenen und gelernten Verhaltensweisen so kombinieren können, / dass sie in der Lage sind, / völlig neue Aufgaben zu lösen.
(86 Wörter)

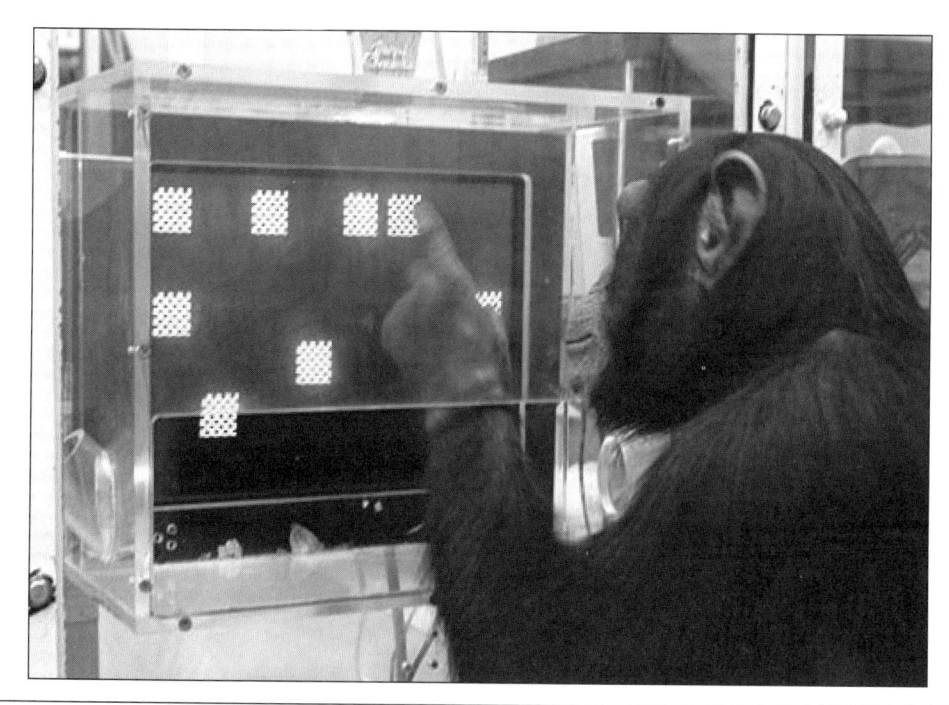

| DRS | Name: _____ | Datum: _____ |

Theorieblatt
Intelligenz

Intelligenz bei Delfinen
Delfine haben offenbar eine enorme emotionale Intelligenz. Aus Therapien mit Delfinen und behinderten, insbesondere kommunikationgestörten Kindern weiß man, dass Delfine ein ausgeprägtes Gespür für schwächere haben. Mit ihrer Kraft und Energie vermögen sie außerdem, auf bislang nicht erforschte Weise auf den Genesungsprozess einzuwirken. Eltern und Therapeuthen berichten übereinstimmend von rießigen Fortschritten der Kinder innerhalb kürzester Zeit, die mit üblichen jahrelangen Therapien nicht zu erzielen waren.

❶ Im Text befinden sich vier falsch geschriebene Wörter. Schreiben Sie sie richtig auf. (2 P.)

_____   _____

_____   _____

❷ Wandeln Sie den folgenden Satz in die direkte Rede um. (1,5 P.)
Wissenschaftler behaupten, der Homo sapiens sei intelligenter gewesen als der Homo habilis.

_____

_____

❸ Setzen Sie den Satz unten ins Passiv. (1 P.)
Ein Schimpanse packte den schweren Steinhammer problemlos mit einer Hand.

_____

_____

❹ Setzen Sie im nachfolgenden Satz das richtige Wort ein und begründen Sie dessen Schreibweise. (1 P.)
Einige Wissenschaftler (erwidern/erwiedern) _____, dass Tiere durchaus Anzeichen von Intelligenz besitzen können.

_____

_____

❺ Kreuzen Sie den Satz an, in dem alles richtig geschrieben ist. (0,5 P.)
- ☐ *Intelligenz, Gefühle und Bewustsein gestand man ausschließlich dem Menschen zu.*
- ☐ *Intelligenz, Gefühle und Bewußtsein gestand man ausschließlich dem Menschen zu.*
- ☐ *Intelligenz, Gefühle und Bewusstsein gestand man ausschließlich dem Menschen zu.*
- ☐ *Intelligenz, Gefühle und bewusst Sein gestand man ausschließlich nur dem Menschen zu.*

Gesamtpunktzahl: 6 Punkte

Kurzdiktat
Die Ilias

❶ Übungsdiktat:

Das Urteil des Paris

Die griechische Mythologie erzählt von einem Streit dreier Göttinnen / um einen Apfel. / Dabei wird der schöne Knabe Paris als Richter gefragt. / Den goldenen Apfel mit der Aufschrift „Der Schönsten" / hat Eris, die Göttin der Zwietracht, / auf die Festtafel bei einer Hochzeit, / zu der sie nicht geladen war, geworfen. / Hera verspricht Paris im Falle ihrer Wahl Macht, / Athene Weisheit / und Aphrodite die Liebe der schönsten Frau der Welt. / Paris entscheidet sich für Aphrodite und erhält Helena, / die Frau des Spartanerkönigs Melenaos.
(84 Wörter)

❷ Testdiktat:

Der Kampf um Troja

Helena wird von Paris nach Troja entführt, / was den Trojanischen Krieg auslöst. / Homers „Ilias" schildert nur 51 Kampftage / der zehnjährigen Belagerung der Stadt durch das Heer der Griechen. / Um Troja endlich zu besiegen, / bauen die Griechen auf Rat des Odysseus ein großes hölzernes Pferd, / in dem sich die tapfersten Krieger verstecken. / Die Schiffe täuschen die Abfahrt vor. / Die Trojaner holen das Pferd in die Stadt. / In der Nacht klettern die Griechen aus ihrem Versteck, / öffnen die Tore und erobern Troja.
(84 Wörter)

| DRS | Name: _____ | Datum: _____ |

Theorieblatt
Die Ilias

Homer schildert in der Ilias die 51 Tage der entscheidenden Kriegszenen während der Belagerung Trojas durch die Griechen, jedoch nicht die ganzen zehn Kriegsjahre. Die Ilias berichtet vor allem über Achilleus (deutsch: Achilles), den stärksten Kämpfer der Griechen. Als der Oberbefehlshaber der Griechen, Agamemnon – König von Mykene – Achilles eine Gefangene weg nimmt, hört dieser auf zu kämpfen. Als sein Freund Patroklos im Kampf vom Trojanischen Prinzen Hektor getötet wird, nimmt Achilles Rache an dem Trojaner und tötet ihn. Die Ilias endet mit der Beisetzung Hektors.

❶ Im Text befinden sich drei falsch geschriebene Wörter. Schreiben Sie sie richtig auf. (1,5 P.)

_____

❷ Wandeln Sie den folgenden Satz in das Aktiv um. (1 P.)
Hektor wird von Achilles im Zweikampf getötet, dessen Leichnam an einen Streitwagen gebunden und um Troja gezogen.

_____

_____

❸ Stellen Sie den ersten Teil des Satzes so um, dass das Verb zum Nomen wird. (1 P.)
Alle schönen Stellen der „Ilias" zu nennen, würde den Rahmen des Buches sprengen.

_____

_____

❹ Setzen Sie im Text unten die vier fehlenden Satzzeichen ein. (2 P.)
Wer von Sätzen die kürzer sind als ihre Wörter und von ausführlich beschriebenen Körperfunktionen und anderen Banalitäten womit sich die „moderne Literaur" so intensiv beschäftigt genug hat der sollte die „Ilias" lesen.

❺ Kreuzen Sie den Satz an, der den Sachverhalt richtig wiedergibt. (0,5 P.)
☐ Das von Odysseus erdachte Trojanische Pferd ist ein Geschenk der Trojaner an die Griechen.
☐ Das von Odysseus erdachte Griechische Pferd ist ein Geschenk der Griechen an die Trojaner.
☐ Das von Odysseus erdachte Trojanische Pferd ist ein Geschenk der Griechen an die Trojaner.
☐ Das von Hektor erdachte Trojanische Pferd ist ein Geschenk der Trojaner an die Griechen.
☐ Das von Achilles erdachte Griechische Pferd ist ein Geschenk der Griechen an die Trojaner.

Gesamtpunktzahl: 6 Punkte

Kurzdiktat
Werbung

❶ **Übungsdiktat:**

Werbespots

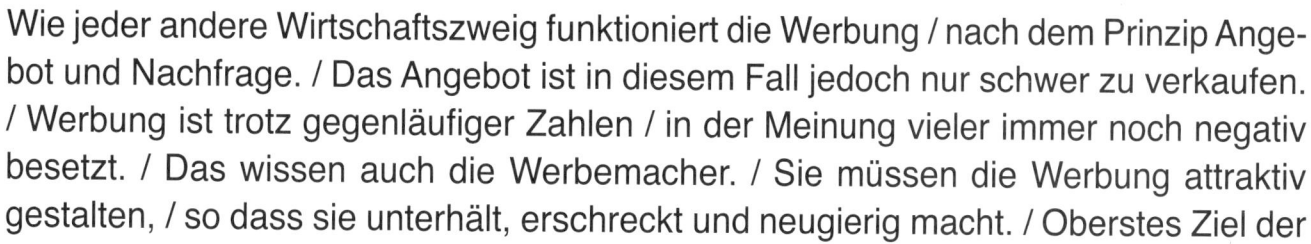

Wie jeder andere Wirtschaftszweig funktioniert die Werbung / nach dem Prinzip Angebot und Nachfrage. / Das Angebot ist in diesem Fall jedoch nur schwer zu verkaufen. / Werbung ist trotz gegenläufiger Zahlen / in der Meinung vieler immer noch negativ besetzt. / Das wissen auch die Werbemacher. / Sie müssen die Werbung attraktiv gestalten, / so dass sie unterhält, erschreckt und neugierig macht. / Oberstes Ziel der Werbung ist es, / Aufmerksamkeit zu wecken. / Ein paar Sekunden Aufmerksamkeit – / das ist der maximale Preis, / den ein Zuschauer bereit ist, / für eine gute Werbung zu zahlen.
(86 Wörter)

❷ **Testdiktat:**

Werbung extrem

Der Kampf um die Aufmerksamkeit des Zuschauers führt dazu, / dass sich die Werbeproduzenten immer mehr einfallen lassen müssen, / damit ihr Produkt unter den Tausenden TV-Spots, / Anzeigen und Radiowerbungen überhaupt noch wahrgenommen wird. / Viele Werbungen werden immer extremer. / Mit fast allen Mitteln wird versucht, / die Verkaufszahlen des beworbenen Produktes in die Höhe zu treiben. / Man nutzt sexuelle Anspielungen / wie bei Duschgel, Körperlotion und Bier, / bricht Tabus oder schafft humorvolle Spots / wie zum Beispiel „Ich bin doch nicht blöd" / als Slogan für eine Elektrokette.
(84 Wörter)

Theorieblatt
Werbung

Werbung überall
Werbung ist heutzutage etwas selbstverständliches und ist auch aus unserem Leben nicht mehr wegzudenken. Wir sehen und hören sie jeden Tag. Ob im Fernsehen, im Kino, im Radio, in Zeitschriften oder auf großen Litfassäulen, Werbung lauert einfach überall. Werbung erzeugt Wünsche, die ohne sie nicht da wären, daher entstehen überflüssige Produckte ohne eigentlichen Nutzwert. Es besteht die zunehmende Notwendigkeit, Unnötiges zu produzieren und zu konsumieren. Erst die Werbung verleit vielen Erzeugnissen ihre Bedeutung.

❶ Im Text oben befinden sich vier Fehlerwörter. Schreiben Sie diese richtig unten auf. (2 P.)

_____   _____

_____   _____

❷ Finden Sie die passende Rechtschreibstrategie heraus, um das Wort an der markierten Stelle richtig schreiben zu können. Kreuzen Sie an. (1,5 P.)

a. **s**timulieren
☐ Ich beachte die Vorsilbe.
☐ Ich muss mir das Wort merken.
☐ Ich beachte die Nachsilbe.

b. **K**aufbefehl
☐ Ich suche verwandte Wörter.
☐ Ich beachte das Grundwort.
☐ Ich bilde den Plural.

c. wa**h**rnehmen
☐ Ich suche verwandte Wörter.
☐ Ich muss mir das Wort merken.
☐ Ich beachte den lang gesprochenen Vokal.

❸ Schreiben Sie den Text unten richtig auf. Jeder Fehler gibt einen halben Punkt Abzug. (1 P.)

WIRHABENÄRGERMITDEMLEBENSPARTNER,ÄRGERAUFDERARBEITODERIRGENDWELCHEANDERENPROBLEME.DASKANNDANNBEIMANCHENMENSCHENEINGRUNDSEIN,EINKAUFENZUGEHEN.

_____

_____

❹ Setzen Sie die passenden Wörter unten ein. (1,5 P.)

• Die Werbeindustrie interessiert sich für kurzfristige betriebswirtschaftliche Vorteile, _____ auf das langfristige Wohlergehen des Konsumenten Wert zu legen.

• Nicht nur optische, _____ akustische Reize spielen in der Werbung eine Rolle.

• Da fragt man die Hausfrau, _____ sie denn die besten Produkte für ihre Familie kaufe.

Gesamtpunktzahl: 6 Punkte

Kurzdiktat
Die Immobilienkrise in den USA

❶ Übungsdiktat:

Die Immobilienkrise in den USA
Sie fand im Frühjahr 2007 statt / und zog eine weltweite Bankenkrise nach sich. / Seit 2001 hatte der niedrige Leitzins dazu geführt, / dass immer mehr US-Bürger mit niedrigem Einkommen einen Kredit aufnahmen, / um sich ihr Eigenheim zu finanzieren. / Dabei wurden Hypotheken auch Personen mit niedriger Bonität gewährt. / Der Nachteil dieser Kredite waren die variablen Zinssätze. / Um das Ausfallrisiko weiterzugeben, / ließen die Banken die Kredite in durch / Hypotheken abgesicherte Wertpapiere umwandeln. / Diese Wertpapier-Pakete wurden als sicher eingestuft / und weltweit an Kreditinstitute verkauft.
(86 Wörter)

❷ Testdiktat:

Die weltweite Bankenkrise
Viele Kreditnehmer konnten in den USA die stetig steigenden Raten / ihrer Hypothekenkredite nicht mehr bezahlen / und mussten ihre Häuser verkaufen. / Die Häuserpreise stürzten ab, / wodurch die Wertpapier-Pakete an Wert verloren. / Aufgrund der Unsicherheit wurde es den Banken zu riskant, / sich untereinander Geld zu leihen. / Als Folge kam es weltweit zu immensen Verlusten / und Insolvenzen bei Finanzunternehmen. / An den Börsen gab es gewaltige Kurseinbrüche. / Die Wachstumsprognosen wurden nach unten korrigiert. / Um eine Rezession zu verhindern, / wurden allein in Deutschland staatliche Hilfen / im dreistelligen Milliardenbereich beschlossen.
(87 Wörter)

| DRS | Name: _____ | Datum: _____ |

Theorieblatt
Die Immobilienkrise in den USA

Die Börse
An der Börse werden Aktien gehandelt. Ihre Kurse schwanken laufend und hängen vorallem von den erwarteten Gewinnen und der Konjunktur ab. Läuft das Geschäft einer Firma gut, steigt der Kurs. Werden hingegen permanent Verluste gemacht, sinkt er. Denn damit steigen die Kosten des Unternehmens. Findet ein Börsenaufschwung innerhalb ganzer Branchen oder im Gesamtmarkt statt, handelt es sich um eine sogenannte „Housse", dargestellt durch einen Stier. Das Gegenteil, das sinken der Wertpapierkurse, heißt „Baisse" und wird durch einen Bären symbolisiert.

❶ Im Text oben befinden sich vier Fehler. Streichen Sie die falschen Wörter durch und schreiben Sie diese richtig auf die Zeilen unten. (2 P.)

_____   _____

_____   _____

❷ Finden Sie die passende Rechtschreibstrategie heraus, um das Wort an der markierten Stelle richtig schreiben zu können. Schreiben Sie auf die Leerzeilen. (1 P.)

a. e<u>h</u>rwürdig   _____

_____

b. In<u>v</u>estment   _____

_____

❸ Schreiben Sie das richtige Wort auf die Leerzeile. Begründen Sie die Schreibweise. (1 P.)

Die Börsen spiegeln den Fall der Banken unbarmherzig (wieder/wider) _____.

_____

_____

❹ Setzen Sie im Text unten die fehlenden Satzzeichen ein. (1,5 P.)

Das globale Finanzsystem wankt Banken schreiben Milliarden ab einst grundsolide Häuser müssen zittern. Hält die Krise der Kreditinstitute länger an

❺ Setzen Sie das passende Wort auf die Leerzeile. (0,5 P.)

Banken pumpen Dutzende Milliarden in die Märkte, dazu senken sie die ohnehin schon niedrigen _____ *weiter.*

Gesamtpunktzahl: 6 Punkte

Kurzdiktat
Johann Wolfgang von Goethe

❶ Übungsdiktat:

Goethe

Johann Wolfgang von Goethe wurde 1749 in Frankfurt am Main geboren. / Er begann sein Jura-Studium 1768 in Leipzig, / das er aber wegen einer schweren Krankheit unterbrach / und 1771 in Straßburg fortsetzte. / Auf Einladung von Herzog Carl August zog er nach Weimar, / wo er ab 1776 im Staatsdienst arbeitete. / Goethe unternahm zwei große Italienreisen, / die erste von 1786 bis 1788, / die zweite 1790. / Er starb 1832 in Weimar. / Goethe gilt nicht nur als der bedeutendste deutsche Dichter, / er profilierte sich auch als Naturwissenschaftler / in Physik, Botanik, Anatomie und Mineralogie.
(89 Wörter)

❷ Testdiktat:

Goethes „Werther"

Im Alter von 22 Jahren lernte Goethe in Wetzlar / die schöne Charlotte Buff kennen, / in die er sich verliebte. / Doch sein Werben blieb ohne Erfolg. / Die junge Dame war bereits vergeben. / Seinen Liebeskummer brachte Goethe in / „Die Leiden des jungen Werther" zum Ausdruck. / Die Geschichte einer unglücklichen Liebe wurde 1774 / zu einem unglaublichen Publikumserfolg. / Viele männliche Leser identifizierten sich so stark mit der Figur des Werther, / dass sie, dem Beispiel des Romanhelden folgend, / aus selbst erlebtem Liebesschmerz in den Freitod gingen.
(83 Wörter)

Vorgeben: „Werther"

Theorieblatt
Johann Wolfgang von Goethe

1775 ging Goethe nach Weimar. Er folgte damit einer Einladung des jungen Herzogs Carl August von Sachsen-Weimar-Eisenach. Goethe wurde zum engen Freund des Herzogs und von diesem zum Minister und zum Geheimrat am weimarer Hof ernannt. Nachdem sich Goethe in Weimar einige Jahre seinen neuen politischen Aufgaben gewidmet und sich auch als Forscher auf naturwissenschaftlichen Gebiet betätigt hatte, zog es ihn voll innerer Unruhe in die ferne. Sein Aufbruch 1786 nach Italien kam einer Flucht gleich. Er suchte nach neuen Eindrücken und Inspirazionen für sein literarisches Schaffen.

❶ Im Text oben befinden sich vier Fehlerwörter. Schreiben Sie diese richtig unten auf. (2 P.)

_____   _____

_____   _____

❷ Finden Sie die passende Rechtschreibstrategie heraus, um das Wort an der markierten Stelle richtig schreiben zu können. Kreuzen Sie an. (1,5 P.)

a. **v**ollenden
- ☐ Ich muss mir das Wort merken.
- ☐ Ich suche verwandte Wörter
- ☐ Ich beachte die Nachsilbe.

b. **K**aufbefehl
- ☐ Ich suche verwandte Wörter.
- ☐ Ich beachte das Grundwort.
- ☐ Ich beachte das Bestimmungswort.

c. w**ä**hrend
- ☐ Ich suche verwandte Wörter.
- ☐ Ich muss mir das Wort merken.
- ☐ Ich beachte den kurz gesprochenen Vokal.

❸ Schreiben Sie den Text unten richtig auf. Jeder Fehler gibt einen halben Punkt Abzug. (1 P.)

Vomleidenschaftlichensturmunddrangginggoethenunindenliterarischenbereichdertiefgründigen, klassischgeprägtentragödieüber.

_____

_____

❹ Setzen Sie die passenden Fremdwörter unten ein. (1,5 P.)

• Goethe beschäftigt sich seit 1793 besonders stark (_____) mit Studien zu Homer.

• 1830 erscheint der letzte Teil seiner Beschreibung der eigenen Lebensgeschichte (_____-_____), „Dichtung und Wahrheit, vierter Teil".

• Die Dichtungen Goethes werden vor dem Hintergrund der Zeitgeschichte präzise und anschaulich beschrieben und auf einzelne Merkmale untersucht (_____).

Gesamtpunktzahl: 6 Punkte

Kurzdiktat
Die Rote Armee Fraktion

❶ Übungsdiktat:

Die Rote Armee Fraktion

Anschläge, Entführungen, Morde. / Mehr als zwei Jahrzehnte hielt die RAF die Bundesrepublik in Atem. / Man protestierte gegen Kapitalismus / und stellte die Existenz des bürgerlichen Staates in Frage. / Die RAF tat es aber nicht nur mit Worten, / sondern eröffnete auch den bewaffneten Kampf, / der viele Tote forderte. / An der Spitze der RAF standen Andreas Baader und Gudrun Ensslin. / Die populäre Journalistin Ulrike Meinhof stieß dazu. / Man nannte die RAF die Baader-Meinhof-Bande. / Ihr Symbol war der rote Stern mit Maschinenpistole.
(82 Wörter)

Vorgeben: Baader, Ensslin

❷ Testdiktat:

Terroraktionen der RAF

1977 erreichte der Terror der RAF seinen Höhepunkt. / Im April wurde ein Mordanschlag / auf den Generalbundesanwalt Siegfried Buback verübt. / Bei einem misslungenen Entführungsversuch im Juli / erschossen die Terroristen den Chef der Dresdner Bank Jürgen Ponto. / Anfang September entführten RAF-Mitglieder / den Arbeitgeberpräsident Hanns-Martin Schleyer. / Die Geschehnisse während der 44 Tage andauernden Geiselnahme Schleyers, / die mit dessen Ermordung endete, / wurden zur größten innenpolitischen Herausforderung / in der Geschichte der Bundesrepublik. / 1998 löste sich die RAF selbst auf, / die für 34 Morde, zahlreiche Banküberfälle / und Sprengstoffattentate verantwortlich war.
(87 Wörter)

Vorgeben: Hanns-Martin Schleyer

Theorieblatt
Die Rote Armee Fraktion

Um gegen den Vietnahm-Krieg zu protestieren, verübte die RAF eine Serie von Bombenanschlägen, unter anderem auf die Hauptquatiere der US-Armee in Heidelberg und Frankfurt. Vier US-Soldaten starben. Aber es gab auch Deutsche Ziele, wie die Polizeidirektion in Augsburg und das Auto des Bundesrichters Wolfgang Buddenberg, der für die Ermittlungen gegen die RAF zuständig war. Am 19. Mai 1972 schließlich gingen im Hamburger Axel-Bringer-Haus mehrere Bomben hoch. Obwohl es zuvor mehrere Warnanrufe gegeben hatte, war das Gebäude nicht geräumt worden. Mehr als 30 Menschen wurden bei dem Anschlag verletzt.

❶ Im Text oben befinden sich vier Fehler. Schreiben Sie die Wörter richtig auf die Zeilen unten. (2 P.)

_____   _____

_____   _____

❷ Finden Sie die passende Rechtschreibstrategie heraus, um das Wort an der markierten Stelle richtig schreiben zu können. Schreiben Sie auf die Leerzeilen. (1 P.)

  a. schlie**ß**lich   _____

  _____

  b. **k**risenfest   _____

  _____

❸ Streichen Sie jeweils das falsch geschriebene Wort durch. (1 P.)

• *Die Geiselnahme/Geißelnahme des Arbeitgeberpräsidenten Schleyer endet nach 44 Tagen mit dessen Ermordung.*

• *Bis heute sorgt die Rote Armee Fraktion für kontroverse/kontraverse Debatten.*

❹ Setzen Sie im Text unten die fehlenden Satzzeichen ein. (1,5 P.)

Aber was wenn man versucht hätte die Spirale des Todesspiels mit Kompromissen zu durchbrechen

❺ Setzen Sie das passende Fremdwort auf die Leerzeile. (0,5 P.)

Von keinem der Täter geht heute noch eine wirkliche (_____) Bedrohung aus.

Gesamtpunktzahl: 6 Punkte

Kurzdiktat
Die UNO

❶ Übungsdiktat:

Gründung der UNO

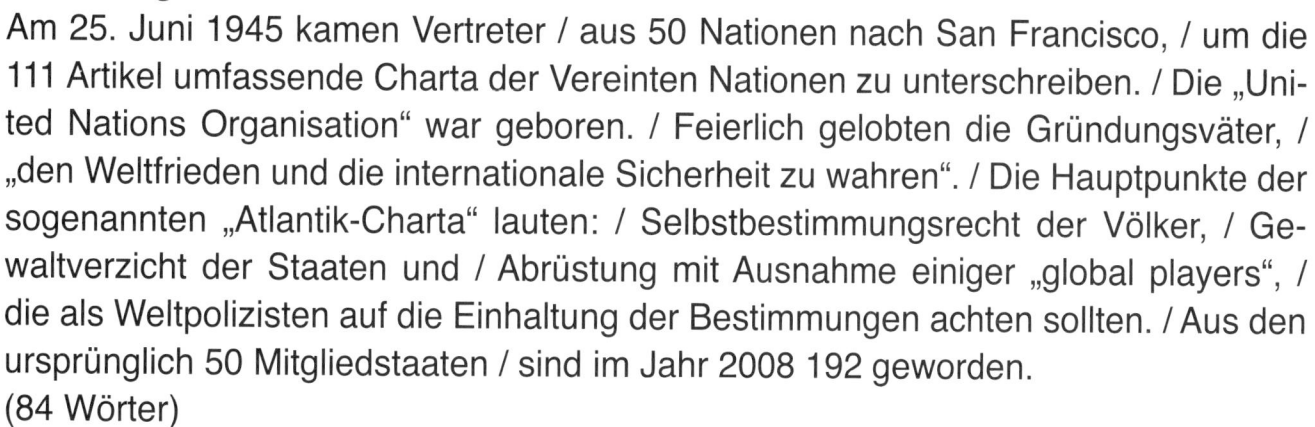

Am 25. Juni 1945 kamen Vertreter / aus 50 Nationen nach San Francisco, / um die 111 Artikel umfassende Charta der Vereinten Nationen zu unterschreiben. / Die „United Nations Organisation" war geboren. / Feierlich gelobten die Gründungsväter, / „den Weltfrieden und die internationale Sicherheit zu wahren". / Die Hauptpunkte der sogenannten „Atlantik-Charta" lauten: / Selbstbestimmungsrecht der Völker, / Gewaltverzicht der Staaten und / Abrüstung mit Ausnahme einiger „global players", / die als Weltpolizisten auf die Einhaltung der Bestimmungen achten sollten. / Aus den ursprünglich 50 Mitgliedstaaten / sind im Jahr 2008 192 geworden.
(84 Wörter)

❷ Testdiktat:

Reformen in der UNO

Angesichts der Zunahme ethnischer / und religiöser Konflikte in aller Welt / gehört zu einer wirkungsvollen Sicherheitsarchitektur / zum Beispiel auch eine Erweiterung der Interventionsrechte / der Weltgemeinschaft gegenüber souveränen Staaten, / in denen die Menschenrechte schwerwiegend verletzt werden. / Die unkontrollierte Ausweitung von Massenvernichtungsmitteln / und die Gefahr von ökologischen Großkatastrophen sowie – / seit den Terroranschlägen vom 11. September 2001 vehement ins Problembewusstsein gedrungen – / der auf globaler Ebene agierende Terrorismus stellen / weitere weltpolitische Herausforderungen dar. / Vom Gelingen der Reformen hängt es ab, / ob die UNO den Herausforderungen des 21. Jahrhunderts gewachsen ist.
(89 Wörter)

UNO-Generalsekretär Ban Ki-Moon

| DRS | Name: _____ | Datum: _____ |

Theorieblatt
Die UNO

Gründung der UNO
Ihre Wurzeln haben die Vereinigten Nationen in den Haager Friedenskonferenzen und im Völkerbund, der nach dem ersten Weltkrieg mit dem Ziel gegründet wurde, den Frieden auf der Welt dauerhaft zu sichern. Allerdings erhielt der Völkerbund durch mangelndes Beitrittsinteresse – so waren etwa die USA kein Mitglied im Völkerbund – nicht den nötigen Einfluß, um seine Ziele durchsetzen zu können, und war mit ausbruch des Zweiten Weltkrieges praktisch gescheitert.

❶ Im Text oben befinden sich vier Fehler. Streichen Sie die falschen Wörter durch und schreiben Sie diese richtig darunter. (2 P.)

_____   _____

_____   _____

❷ Finden Sie die passende Rechtschreibstrategie heraus, um das Wort an der markierten Stelle richtig schreiben zu können. Kreuzen Sie an. (1,5 P.)

a. *Republi**k***
  ☐ *Ich beachte die Vorsilbe.*
  ☐ *Ich trenne das Wort.*
  ☐ *Ich beachte die Nachsilbe.*

b. ***h****auptverantwortlich*
  ☐ *Ich beachte das Grundwort.*
  ☐ *Ich achte auf den darauffolgenden Umlaut.*
  ☐ *Ich zerlege das Wort in Silben.*

c. *abz**ie**len*
  ☐ *Ich achte auf den lang gesprochenen Mitlaut.*
  ☐ *Ich achte auf den lang gesprochenen Selbstlaut.*
  ☐ *Ich achte auf den lang gesprochenen Doppellaut.*

❸ Welche Wörter müssen großgeschrieben werden? Verbessern Sie den Text unten. Jeder Fehler gibt einen halben Punkt Abzug. (1 P.)

Bei der konferenz von dumbarton oaks wurde weiter über die gründung der un beraten. nach einbeziehung frankreichs in den kreis der hauptverantwortlichen mächte konnte die beurkundung 1945 auf der konferenz von jalta vorgenommen werden.

❹ Streichen Sie jeweils die beiden falsch geschriebenen Wörter durch. (1,5 P.)

• *Die UNO dringt auf eine schnellmögliche/schnellstmöglichste/schnellstmögliche Lösung.*

• *Alles basiert/pasiert/passiert auf dem Prinzip der souveränen Gleichheit.*

• *Roosevelt erarbeitete zusammen mit Churchill die Atlantik-Karta/Atlantik-Charta/Atlantik-Karte.*

Gesamtpunktzahl: 6 Punkte

Kurzdiktat
Deutsch-israelische Beziehungen

❶ Übungsdiktat:

Beginn der deutsch-israelischen Beziehungen

Der Massenmord an sechs Millionen Juden / während der Nazi-Zeit prägt bis heute / das Verhältnis zwischen Juden und Deutschen. / Es ist ein historischer Moment, / als sich im März 1960 / der israelische Ministerpräsident Ben-Gurion / mit dem deutschen Bundeskanzler Adenauer / zu einem Gespräch in New York trifft. / Denn es ist das erste Treffen nach dem Holocaust / zwischen Regierungschefs der beiden Länder. / Damit wagen sie den ersten Schritt eines langen Weges / der deutsch-israelischen Verständigung. / Sie vereinbaren materielle und finanzielle Unterstützung / von Deutschland an Israel.
(84 Wörter)

Vorgeben: Ben-Gurion

❷ Testdiktat:

Aufnahme diplomatischer Beziehungen

Auch nach Adenauers Treffen mit Ben-Gurion / gibt es auf israelischer wie auf deutscher Seite / große Proteste gegen jegliche Art der Annäherung / zwischen den beiden Ländern. / Doch trotz des so fragilen und belasteten Verhältnisses / sowie zahlreicher Vorbehalte nehmen fünf Jahre später, / am 12. Mai 1965, / der Staat Israel und die Bundesrepublik Deutschland / offiziell diplomatische Beziehungen auf. / Unter der Kanzlerschaft von Ludwig Erhard / beginnt 1965 Rolf Friedemann Pauls / seine Arbeit als deutscher Botschafter in Tel Aviv, / Israel entsendet Asher Ben Natan / als ersten Botschafter nach Bonn.
(87 Wörter)

Olmert und Merkel

Ben-Gurion und Adenauer

Theorieblatt
Deutsch-israelische Beziehungen

Israel und Deutschland sind durch ein dichtes Netz politischer, wirtschaftlicher, kultureller und auch zivilgesellschaftlicher Kontakte verbunden. Dieses Netz entstand bereits in den 50-iger-Jahren auf der gesellschaftlichen Ebene. Am 12. Mai 1965 wurde dann die Aufnahme diplomatischer Beziehungen zwischen beiden Staaten vereinbart. Heute bilden die Beziehungen zum Staat Israel eine der tragende Säulen der deutschen Außenpolitik. Die Vergangenheit, der nationalsozialistische Völkermord an den Europäischen Juden, ist dabei stets gegenwertig. Das Wissen um diese Vergangenheit wird den Beziehungen zwischen beiden Staaten immer einen besonderen Charakter verleihen.

❶ Im Text oben befinden sich vier Fehler. Schreiben Sie die Wörter richtig auf die Zeilen unten. (2 P.)

_____   _____

_____   _____

❷ Finden Sie die passende Rechtschreibstrategie heraus, um das Wort an der markierten Stelle richtig schreiben zu können. Schreiben Sie auf die Leerzeilen. (1 P.)

   a. d**i**verse   _____

                          _____

   b. K**oo**peration   _____

                          _____

❸ Streichen Sie jeweils die beiden falsch geschriebenen Wörter durch. (1 P.)

• Die Öffentlichkeit nimmt antiisraelische Ressentiments/Resentiments/Resentimants in Europa und Deutschland heute mit mehr Gelassenheit auf als in früheren Zeiten.

• Politische Turbulenzen sind auch heute noch im Nahenosten/nahen Osten/Nahen Osten vorhanden.

❹ Setzen Sie im Text unten die fehlenden vier Satzzeichen ein. (2 P.)

Israels früherer Staatspräsident Yitzhak Navon Beide Seiten blicken in die Zukunft aber sie vergessen die Vergangenheit nicht.

❺ Setzen Sie das passende Fremdwort auf die Leerzeile. (0,5 P.)

In Zeiten der weltumspannenden Beziehungen (_____) bestimmt „Deutschland" das „kollektive Gedächtnis" der Israelis weniger stark als früher.

Gesamtpunktzahl: 6 Punkte

Kurzdiktat
Konsum

❶ Übungsdiktat:

Konsumgesellschaft

„Konsumgesellschaft" ist die Umschreibung für einen zentralen Aspekt / der gegenwärtigen sozialen und wirtschaftlichen Ordnung, / die nicht mehr wie die kapitalistische Gesellschaft / des 19. und der ersten Hälfte des 20. Jahrhunderts / durch die Produktion, sondern durch den Konsum geprägt erscheint. / Kennzeichnend für die Konsumgesellschaft sind Massenproduktion / und Massenabsatz von kurzlebigen Verbrauchs- und Gebrauchsgütern, / Herstellung von Wegwerfprodukten und minderwertiger Billigware / sowie eine einseitig produktorientierte Werbung. / In der Konsumgesellschaft scheint die Aufgabe des Menschen / nicht mehr produktive Arbeit, / sondern der Kauf und Verbrauch von kurzlebigen Sachgütern zu sein.
(86 Wörter)

❷ Testdiktat:

Konsum per Internet

Das World Wide Web eröffnete uns seit Ende der 90er-Jahre / eine völlig neue Dimension des Konsums. / Scheinbar grenzenlos können wir unseren Bedarf an den neuesten Waren decken. / Spätestens damit hat die Globalisierung des Konsums stattgefunden. / Shoppen ist zur abendfüllenden Freizeitbeschäftigung geworden, / vor allem dann, / wenn man an Auktionen teilnehmen kann. / Ein neuer Reiz, der Spielen und Konsumieren vereint, / ist damit noch hinzukommen. / Im vergangenen Jahr wurden 19,3 Milliarden Euro / für Waren und Dienstleistungen im Internet ausgegeben haben – / Tendenz steigend.
(82 Wörter)

DRS

Name: _____ Datum: _____

Theorieblatt
Konsum

Wegwerfgesellschaft

Die absatzorientierten Bemühungen der Konsumgüterindustrie, kurz lebige Produkte anzubieten, eine Wegwurfmentalität zu propagieren sowie durch raschen Wechsel modischer Formen und technischer Ausstattung der Güter Sättigungtendenzen entgegen zu wirken und neue Bedürfnisse zu wecken, machen die Problematik eines vorwiegend auf Konsum orientierten Verhaltens deutlich.

❶ Im Text oben befinden sich vier Fehler. Schreiben Sie die Wörter richtig auf die Zeilen unten. (2 P.)

_____   _____

_____   _____

❷ Finden Sie die passende Rechtschreibstrategie heraus, um das Wort an der markierten Stelle richtig schreiben zu können. Schreiben Sie auf die Leerzeilen. (1 P.)

a. **O**rientierung   _____

b. beja**h**en   _____

❸ Kreuzen Sie den Satz an, der richtig geschrieben ist. (0,5 P.)

☐ *Konsumgesellschaft umfasst verschiedene Aspeckte moderner Lebensstile in industrialisierten Staaten, meist in kritischer Intention.*

☐ *Konsumgesellschaft umfasst verschiedene Aspekte moderner Lebensstile in industrialisierten Staaten, meist in kritischer Intention.*

☐ *Konsumgesellschaft umfasst verschiedene Aspekte moderner Lebensstiele in industrialisierten Staaten, meist in kritischer Intention.*

❹ Setzen Sie im Text unten die drei fehlenden Satzzeichen ein. (1,5 P.)

Als ich mal viel Geld hatte bin ich sofort losgeschossen und habe meinen ersten Farbfernseher gekauft.

❺ Setzen Sie jeweils den passenden deutschen Ausdruck auf die Leerzeile. (1 P.)

• *Die Integration (_____) der Konsumenten durch die Weckung und Überformung von Bedürfnissen und durch marktmäßige Befriedigungsformen.*

• *Die ambivalente (_____) Einstellung gegenüber dem Konsum.*

Gesamtpunktzahl: 6 Punkte

Kurzdiktat
Ozon und Smog

❶ **Übungsdiktat:**

Bodennahes Ozon

Wenn sich die Stadtluft im Sommer so richtig aufheizt, / kann es zu hohen Konzentrationen von Ozon kommen. / Bodennahes Ozon greift die Atmungsorgane an / und schädigt auch Pflanzen und Tiere. / Nicht zu verwechseln mit dem Ozon der weit entfernten Stratosphäre, / dessen nützliche Funktion es ist, / ultraviolette Strahlen von der Erde abzuhalten. / Bodennahes Ozon entsteht, / wenn Stickoxide, Kohlenwasserstoffe und die UV-Strahlung der Luft aufeinander treffen. / Autos, Industrie und Privathaushalte liefern durch ihre Emissionen / die nötigen Ausgangsstoffe für die Entstehung des gesundheitsschädlichen Ozons.
(82 Wörter)

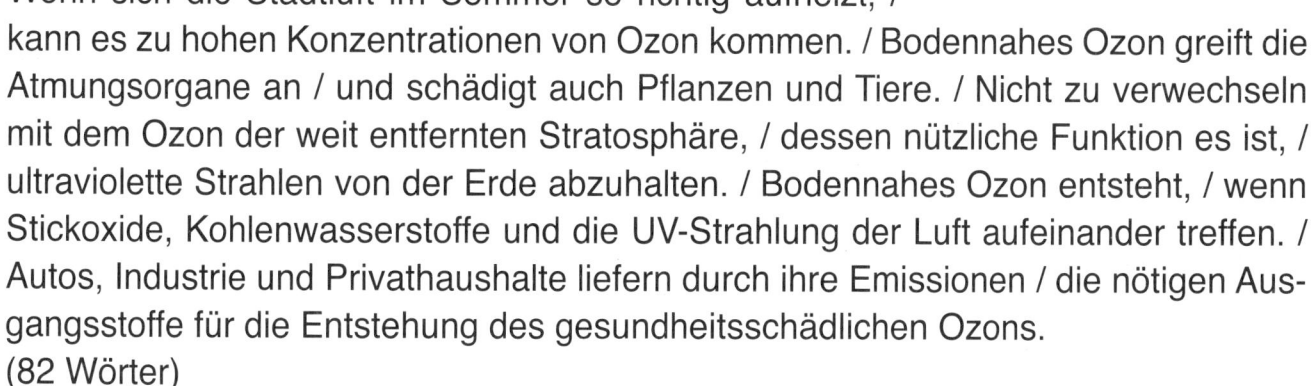

❷ **Testdiktat:**

Sommersmog

Kommt im Sommer die vermehrte UV-Strahlung hinzu, / klettert die Ozonkonzentration rasant in die Höhe. / Wird ein bestimmter Grenzwert überschritten, / spricht man von Sommersmog oder Los-Angeles-Smog. / Erreicht die Ozonkonzentration den Grenzwert von 180 Mikrogramm pro Kubikmeter, / muss die Bevölkerung informiert werden. / Werden 240 Mikrogramm pro Kubikmeter überschritten, / wird Ozonalarm ausgerufen. / Vor allem alte Menschen und Kinder sollten sich dann in geschlossenen Räumen aufhalten / oder die Gefahrenzone ganz verlassen. / Im Rekordsommer 2003 starben allein in Deutschland / mehr als 7000 Menschen an den Folgen der extremen Hitze.
(85 Wörter)

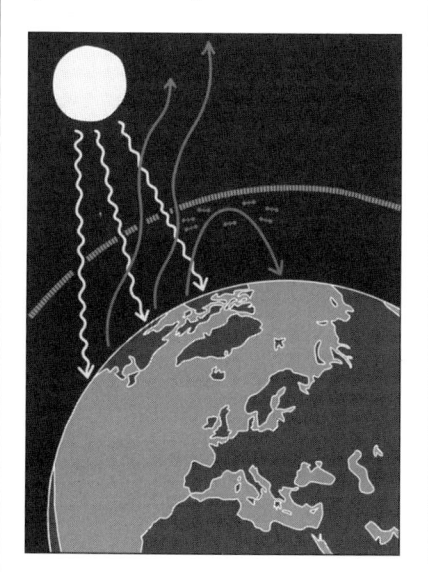

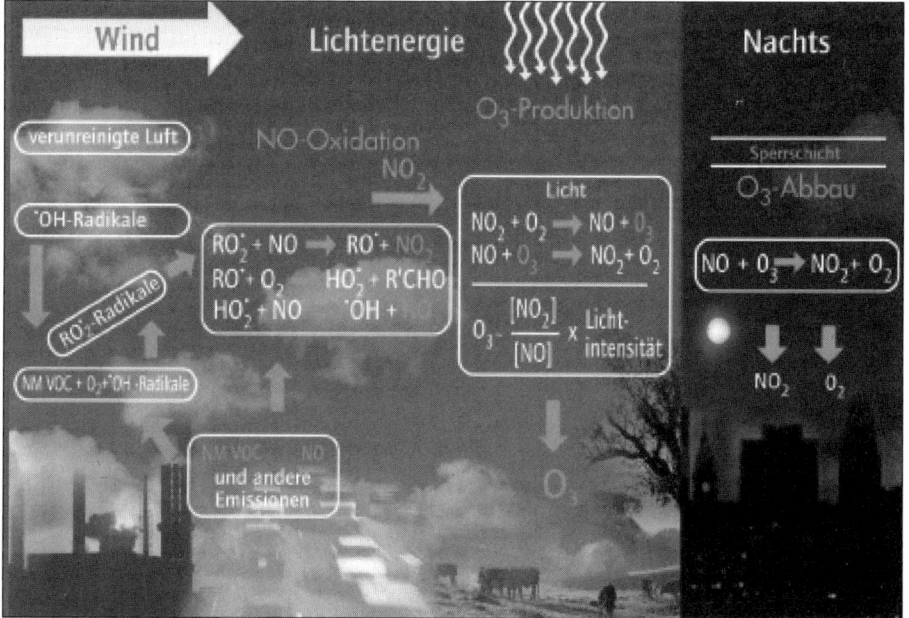

Entstehung und Abbau von bodennahem Ozon

Theorieblatt
Ozon und Smog

❶ Finden Sie die passende Rechtschreibstrategie heraus, um das Wort an der markierten Stelle richtig schreiben zu können. Kreuzen Sie an. (1,5 P.)

- a. ru**ß**haltig
  - ☐ Ich muss mir das Wort merken.
  - ☐ Ich beachte die Nachsilbe.
  - ☐ Ich höre auf den lang gesprochenen Vokal.

- b. **I**nversion
  - ☐ Ich muss mir das Wort merken.
  - ☐ Ich beachte die Nachsilbe.
  - ☐ Ich bilde den Plural.

- c. tö**d**lich
  - ☐ Ich beachte die Nachsilbe.
  - ☐ Ich steigere das Wort.
  - ☐ Ich leite das Wort ab.

❷ Im Text unten befinden sich vier Fehler. Streichen Sie die falschen Wörter durch und schreiben Sie diese richtig darunter. (2 P.)

Wintersmog entsteht bei winterlichen Inversionwetterlagen und bewirkt eine sichtbare Verunreinigung der Luft über städtischen und industrieellen Ballungsräumen. Daneben gibt es auch noch den sogenannten Sommersmog oder „Los-Angeles-Smog", bei dem an sommerlichen schön Wetterlagen aus den Auspuffabgasen der Autos Ozon gebildet wird. Zur Reduzierung von Sommersmog ist eine Erhöhung der Autoabgase erforderlich.

_____   _____

_____   _____

❸ Schreiben Sie den Text unten richtig auf. Jeder Fehler gibt einen halben Punkt Abzug. (1 P.)

smogisteinemischungausnatürlichemnebel,rauchundabgasenundistdeswegenumwelt-undgesundheitsgefährdend.

_____

_____

❹ Setzen Sie die jeweils passende Konjunktion ein. (1,5 P.)

- Smog tritt vor allem auf, _____ Inversionswetterlagen vorliegen.
- _____ 1952 in London innerhalb zwei Wochen mehrere tausend Menschen an den Folgen von Smog starben, war die ganze Welt geschockt.
- Die Luftverschmutzung ist weiterhin sehr hoch, _____ solche Katastrophen Warnung genug sein müssten.

Gesamtpunktzahl: 6 Punkte

Kurzdiktat
Wasserverschmutzung

❶ Übungsdiktat:

Wasser muss geschützt werden

Viele europäische Flüsse, / darunter der Rhein und sogar die früher stark verschmutzte Elbe, / sind heute wieder deutlich sauberer. / Jahrzehntelange Mahnungen von Umweltschützern / und Appelle von Wasserexperten haben dazu beigetragen, / dass so manches Gewässer mit modernen Kläranlagen / und zukunftsweisender Gesetzgebung gerettet werden konnte. / Für andere Flüsse, Seen und Meere / sieht es dagegen bei weitem nicht so gut aus. / Vor allem in den ärmeren Ländern dieser Welt / ist Wasser oft so stark verschmutzt, / dass sein Genuss lebensbedrohlich ist.
(80 Wörter)

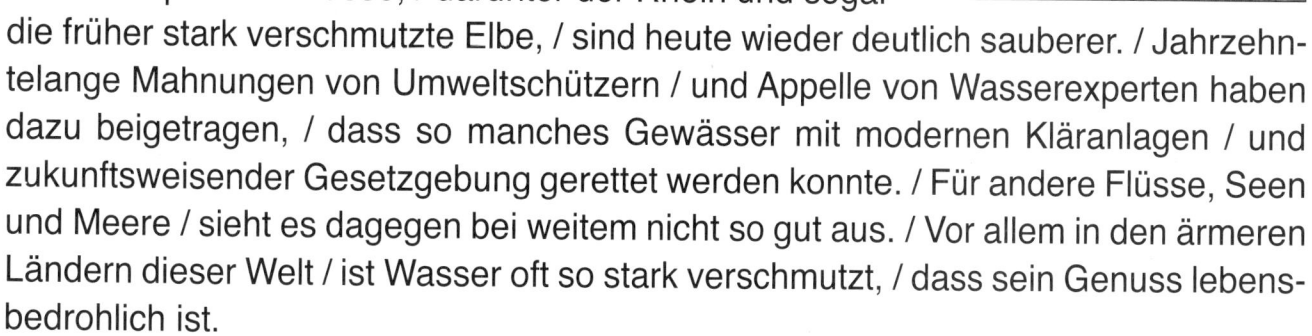

❷ Testdiktat:

Wasser – ein wertvolles Gut

Wasser ist die Existenzgrundlage für alles Leben auf diesem Planeten. / Mehr als zwei Drittel seiner Oberfläche sind mit Wasser bedeckt, / doch nur einen verschwindend geringen Teil davon / kann der Mensch verwerten. / Brauchbares, sauberes Wasser wird immer knapper. / Laut Weltgesundheitsorganisation hatten im vergangenen Jahr rund 1,1 Milliarden Menschen / nicht ausreichend Zugang zu sauberem Trinkwasser. / Mangelndes Umweltbewusstsein, Korruption, / aber auch die Notwendigkeit, so billig wie möglich zu produzieren, / um auf dem Weltmarkt mithalten zu können, / sind Gift für das wertvollste Gut auf unserem Planeten.
(86 Wörter)

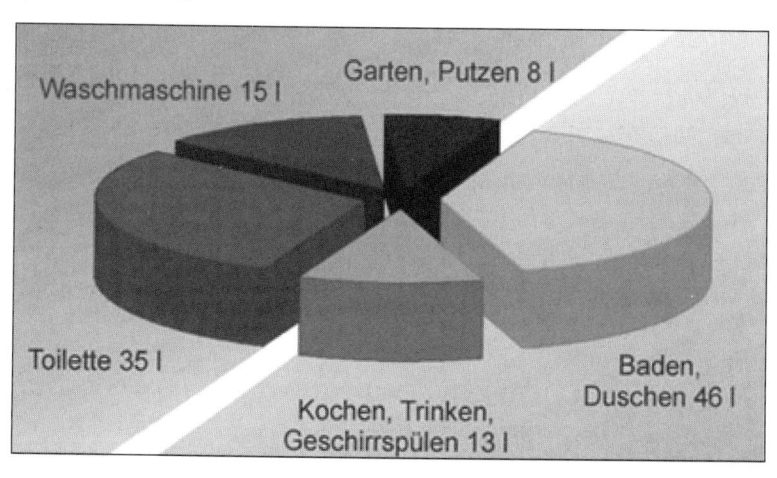

Waschmaschine 15 l
Garten, Putzen 8 l
Toilette 35 l
Kochen, Trinken, Geschirrspülen 13 l
Baden, Duschen 46 l

Wasserverbrauch in Deutschland: 117 l pro Person und Tag

Theorieblatt
Wasserverschmutzung

Wasserverschmutzung durch die Industrie
Aber während die biologische Gewässerbelastung durch eine große Zahl von Menschen in den Industrieländern einer Lösung entgegenging, entstand hier ein neues Problem: Mit der industriellen Revolution entstanden zunehmend schwer abbaubare, giftige Abwässer. Die Abwässer aus den anderen Bergwerken konnte durch hohen Schwefelgehalt des Erzes sehr sauer sein sowie Eisen- und Schwermetalle enthalten. Die Eisen- und Stahlproduktion verursachte große Mengen giftiger Abwässer, die unter anderem Cyanide und Schwermetalle enthielten, und die entstehende chemische Industrie setzte Salze, Farbstoffe sowie neuartige und giftige organische Chemiekalien frei.

❶ Im Text oben befinden sich vier Fehler. Schreiben Sie die Wörter richtig auf die Zeilen unten. (2 P.)

_____ _____

_____ _____

❷ Finden Sie die passende Rechtschreibstrategie heraus, um das Wort an der markierten Stelle richtig schreiben zu können. Schreiben Sie auf die Leerzeilen. (1 P.)

a. letzten**d**lich _____

b. **Ü**bereinkommen _____

❸ Setzen Sie im Text unten die drei fehlenden Satzzeichen ein. (1,5 P.)
In Afrika droht der Viktoriasee umzukippen in den Kenia Tansania und Uganda ungeklärte Haushalts- und Industrieabwässer einleiten in den Flüssen Senegal und Niger leben kaum noch Fische.

❹ Kreuzen Sie den Satz an, der richtig geschrieben ist. (0,5 P.)
☐ *Die Schadstoffe, die sich an die Kunststoffpartickel anlagern, sind vorallem lang lebige Dioxine.*
☐ *Die Schadstoffe, die sich an die Kunststoffpartikel anlagern, sind vor allem langlebige Dioxine.*
☐ *Die Schadstoffe, die sich an die Kunstoffpartikel anlagern, sind vorallem lang lebige Dioxine.*

❺ Setzen Sie jeweils das passende Fremdwort auf die Leerzeile. (1 P.)
• Der von Thor Heyerdahl entdeckte Plastikmüll erwies sich nicht nur als ein das schöne Aussehen betreffendes (_____) Problem.
• Die erste Gruppe sind krankheitserregende Stoffe wie Bakterien, Viren, Protozoen und Schmarotzer (_____), die in Abwassersystemen vorkommen.

Gesamtpunktzahl: 6 Punkte

Kurzdiktat
Auf dem Meeresgrund

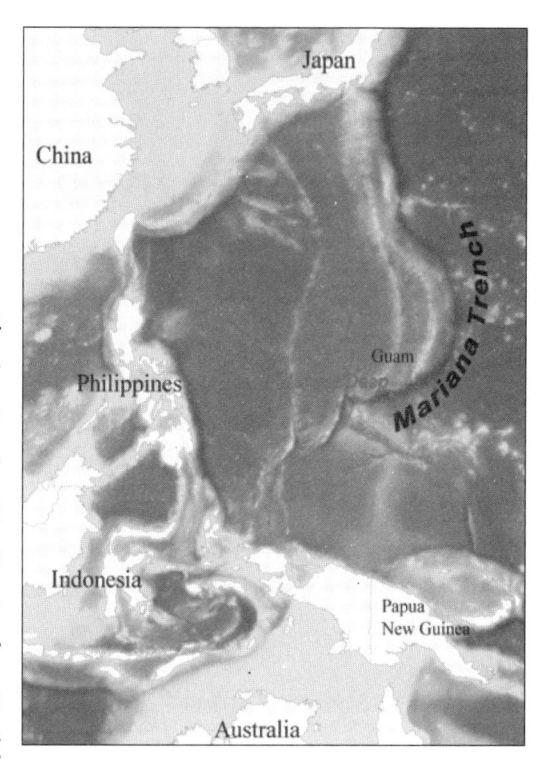

❶ Übungsdiktat:

Unentdeckte Tiefen

Von „Tiefsee" spricht man ab einer Tiefe von etwa 800 Metern. / Doch es geht noch viel weiter hinunter: / Der eigentliche Meeresboden erstreckt sich / in einer Tiefe um 4000 Metern. / Wie die Kontinente ist auch der Meeresgrund / durchzogen von Gräben und großen Gebirgen. / Die tiefste Stelle der Erde mit 11 034 Metern / ist der Marianengraben im Pazifik. / Seit der Rekord-Tauchfahrt der „Trieste" 1960, / bei der Forscher dort unten noch einen Plattfisch fanden, / steht fest, dass es selbst in den tiefsten Tiefen noch Leben gibt.
(83 Wörter)

❷ Testdiktat:

Fahrstuhl zum Meeresgrund

Touristen können die Ostsee in einer druckfesten, / türkisfarbenen und rundum mit Fenstern ausgestatteten Tauchgondel erleben. / Von starken Elektromotoren angetrieben / fährt das Gerät an einem stabilen Pfeiler / bis zum Meeresboden in knapp fünf Metern Tiefe. / Während des Tauchgangs erklärt die Gondelbesatzung / die spezielle Lebenswelt der Ostsee / und sensibilisiert die Besucher mit Filmen / für das Ökosystem Meer und das Leben seiner Bewohner. / Auf den Prototyp sollen in Kürze Gondeln folgen, / die bis zu achtzig Besucher pro Tauchgang in die Tiefe befördern können.
(83 Wörter)

| DRS | Name: | Datum: |

Theorieblatt
Auf dem Meeresgrund

Tauchgondel lockt mit Unterwasserwelt

In der ersten Juliwoche 2006 begannen die Montagearbeiten an der Konstruktion. Hunderte Schaulustige Urlauber beobachteten den Aufbau der Konstruktion von der Seebrücke aus. Ein auf dem Ponton befindlicher Krahn sorgte mit einer Spezialeinrichtung zunächst dafür, dass ein Pfeiler zehn Meter tief in den Grund der Ostsee versenkt wurde. Auf diesem wurde dann die eigentliche Konstruktion mit der Tauchgondel angebracht. Mithilfe von Tauchern und Spezialgerät wurden unter Wasser mächtige Metalbolzen zur Verankerung gebracht. Schließlich wurde die Gondel Millimetergenau über den blauen Pfeiler positioniert. Spannung und letztlich Erleichterung waren allen Beteiligten anzumerken.

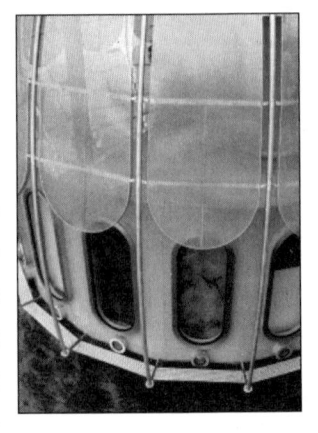

❶ Im Text befinden sich vier falsch geschriebene Wörter. Schreiben Sie sie richtig auf. (2 P.)

_____   _____

_____   _____

❷ Wandeln Sie den folgenden Satz in die direkte Rede um. (1,5 P.)
Der Chef des Tourismusbüros in Zinnowitz erklärte, Usedom werde durch diese Tauchgondel um eine Attraktion reicher.

_____

_____

❸ Stellen Sie nachstehenden Satz so um, dass das Verb zum Nomen wird. (1 P.)
Die Tauchgondel sieht aus wie ein futuristisches Gefährt.

_____

_____

❹ Setzen Sie im nachfolgenden Satz das richtige Wort ein und begründen Sie dessen Schreibweise. (1 P.)
Trotz (widriger/wiedriger) _____ Wetterverhältnisse wurde das Projekt rechtzeitig fertig gestellt.

_____

_____

❺ Kreuzen Sie den Satz an, in dem alles richtig geschrieben ist. (0,5 P.)
☐ *Im Innern des stationären Tauchbootes herrscht der selbe Druck wie an der Oberfläche.*
☐ *Im innern des stationären Tauchbootes herrscht der selbe Druck wie an der Oberfläche.*
☐ *Im Innern des stationeren Tauchbootes herrscht derselbe Druck wie an der Oberfläche.*
☐ *Im Innern des stationären Tauchbootes herrscht derselbe Druck wie an der Oberfläche.*

Gesamtpunktzahl: 6 Punkte

Kurzdiktat
Pressefreiheit

❶ Übungsdiktat:

Pressefreiheit

Nach Kriegsende bekam Deutschland von den Alliierten / die Pressefreiheit systematisch verordnet. / Die deutschen Politiker konnten sich zunächst nur schwer vorstellen, / Journalisten frei und ohne direkten Zugriff / durch die Politik arbeiten zu lassen. / Doch die Pressefreiheit war schon fest im Grundgesetz verankert: / „Jeder hat das Recht, / seine Meinung in Wort, Schrift und Bild frei zu äußern und zu verbreiten / und sich aus allgemein zugänglichen Quellen ungehindert zu unterrichten. / Die Pressefreiheit und die Freiheit der Berichterstattung / durch Rundfunk und Film werden gewährleistet. / Eine Zensur findet nicht statt."
(87 Wörter)

❷ Testdiktat:

Rechte von Journalisten

Das Grundrecht der Pressefreiheit kann aber / nicht nur den politischen Interessen Einzelner zuwider laufen, / sondern auch anderen Grundrechten wie zum Beispiel der Menschenwürde desjenigen, / über den berichtet wird. / Der zweite Absatz des Grundgesetzartikels 5 ergänzt deshalb: / „Diese Rechte finden ihre Schranken in den Vorschriften der allgemeinen Gesetze, / den gesetzlichen Bestimmungen zum Schutze der Jugend / und in dem Recht der persönlichen Ehre." / Journalisten verfügen über ein in der Strafprozessordnung / verankertes Zeugnisverweigerungsrecht. / Es garantiert, dass Redaktionen / ihre Quellen geheim halten dürfen. / Damit verbunden ist ein Durchsuchungs- und Beschlagnahmungsverbot.
(89 Wörter)

Karikatur von 1847: Der freudlosen Zensur, die die Regierungspresse am Gängelband führt, schreitet der blinde Maulwurf voran.

Theorieblatt
Pressefreiheit

Die Qualität des Journalismus singt, weil Medienunternehmen mit den Medien mehr Geld verdienen wollen als früher.
Deutsche Journalisten, die über ihr Metier nachdenken sollen, geraten leicht in die Situation eines Tausendfüßlers, der überlegt, mit welchem Fuß er anfangen soll: Man verhackt sich leicht. Wir sind nicht sehr gut beim Definieren unseres Selbstverständnisses, wir überlassen das Feld gern den ahnungslosen, aber ungehetzten Kommunikationswissenschaftler. In Reaktionskonferenzen ist das diskussionsfreudige Klima verschwunden, offenbar haben die wirtschaftlichen Schwierigkeiten, in die viele Zeitungen geraten sind, und die Existenzängste nicht weniger Redakteure damit zu tun.

❶ Im Text befinden sich vier falsch geschriebene Wörter. Schreiben Sie sie richtig auf. (2 P.)

_____   _____

_____   _____

❷ Wandeln Sie den folgenden Satz in die indirekte Rede um. (1 P.)
Der Chefredakteur des Magazins „Der Spiegel" erklärte: „Die Durchsuchung der Redaktionsräume vonseiten der Polizei war nicht rechtens gewesen."

_____

_____

❸ Stellen Sie nachstehenden Satz so um, dass das Verb zum Nomen wird. (1 P.)
Die Öffentlichkeit schätzt die Pressefreiheit oft nicht hoch genug ein.

_____

_____

❹ Erklären Sie in den beiden nachfolgenden Sätzen jeweils das unterstrichene Wort. (1 P.)

• *Zu beklagen ist die Vermischung von Journalismus und PR.*

_____

• *Der Staat muss den elementaren Wert der Pressefreiheit für die Demokratie mehr achten.*

_____

❺ Kreuzen Sie den Satz an, in dem alles richtig geschrieben ist. (0,5 P.)
- ☐ *Der Öffentliche Respeckt vor dem Journalismus ist daher am schwinden.*
- ☐ *Der Öffentliche Respeckt vor dem Journalismus ist daher am Schwinden.*
- ☐ *Der öffentliche Respekt vor dem Journalismus ist daher am Schwinden.*

Gesamtpunktzahl: 6 Punkte

Kurzdiktat
Bertolt Brecht

❶ Übungsdiktat:

Bertolt Brecht

Brecht wurde 1898 in Augsburg geboren. / Er studierte Medizin und war Sanitäter im Ersten Weltkrieg. / Mitte der 30er-Jahre feierte er in Berlin große Erfolge. / Ein Welterfolg wurde 1928 die „Dreigroschenoper". / 1933 floh Brecht vor dem Nazi-Regime quer durch ganz Europa, / ehe er nach Amerika emigrierte. / Nach dem Krieg erlaubte man Brecht / wegen seiner sozialistischen Ideen nicht, / sich in der Bundesrepublik niederzulassen. / So lebte er bis zu seinem Tod 1956 in Ost-Berlin. / Brecht ist der einflussreichste Dramatiker / und Theatertheoretiker des 20. Jahrhunderts.
(83 Wörter)

❷ Testdiktat:

Die Dreigroschenoper

Ihre Uraufführung mit der Musik von Kurt Weill / fand am 31. August 1928 im Theater am Schiffbauerdamm in Berlin statt. / Das Stück wurde die erfolgreichste deutsche Theateraufführung bis 1933. / Einige Musiknummern wie Mackie Messers / „Und der Haifisch, der hat Zähne" wurden Welthits. / Die Handlung kreist um den Konkurrenz- und Existenzkampf / zwischen Peachum, dem Kopf der Londoner Bettelmafia, / der Bettler erpresst und sie so ausstattet, / dass sie das Mitleid der Passanten erregen, / und dem Verbrecher Macheath, genannt Mackie Messer, / der gute Beziehungen zum Polizeichef von London hat.
(88 Wörter)

Angeben: Weill; Macheath; Peachum

| DRS | Name: _____ | Datum: _____ |

Theorieblatt
Bertolt Brecht

Episches Theater
Das Modell dafür wurde von Bertolt Brecht begründet, indem er einen radikalen Bruch mit der Tradition der Dramatik vollzog. Er will verhindern, dass der Zuschauer im miterleben seine Aktivität verbraucht. Verhindert werden soll der Gedanke, dass der Zuschauer nichts ändern kann. Vielmehr soll er erleben, dass das Dargestellte auch anders möglich ist, dass er Handlungsmöglichkeiten hat, dass er etwas verändern kann. Ein solches Theatererlebnis muss das, was auf der Bühne gezeigt wird, „verfremden", es darf nicht als perfekte Illusion präsentiert werden, denn dann würde sich der Zuschauer wieder einfühlen, sondern muss den Zuschauer auf Distanz halten. Diese Distanz wird erzeugt durch den sogenannten „Verfremdungseffekt", der aus Illusionsbrechungen wie einem Ansager oder einem kommentierendem Erzähler und zusätzlichen Informationen durch Spruchbänder, Plakate, Chöre und Projektionen besteht.

❶ Im Text oben befinden sich drei Fehler. Schreiben Sie die Wörter richtig auf die Zeile unten. (1,5 P.)

_____

❷ Finden Sie die passende Rechtschreibstrategie heraus, um das Wort an der markierten Stelle richtig schreiben zu können. Schreiben Sie auf die Leerzeilen. (1 P.)

   *a. **k**lassenlos* _____

   _____

   *b. Prin**zip**ien* _____

   _____

❸ Streichen Sie jeweils die beiden falsch verwendeten Wörter durch. (1 P.)

• 1933 transferierte/emigrierte/immigrierte Brecht nach Dänemark, später nach Skandinavien.

• Als Marxist träumte Brecht von einer klassenlosen/rasselosen/masselosen Gesellschaft.

❹ Setzen Sie im Text unten die fehlenden vier Satzzeichen ein. (2 P.)

Auf die Frage, welches Buch ihn am meisten beeinflusst habe, antwortete Brecht Sie werden lachen die Bibel.

❺ Setzen Sie das passenden Fremdwort auf die Leerzeile. (0,5 P.)

Brecht war durchaus klug genug, seine Grundsätze (_____) zu relativieren.

Gesamtpunktzahl: 6 Punkte

Kurzdiktat
Albert Einstein

❶ Übungsdiktat:

Einstein privat

Albert Einstein teilte das Schicksal vieler Genies – die Einsamkeit. / Geige spielen, Hausmusik, Bücher lesen und Geschicklichkeitsspiele – / damit verbrachte er seine freie Zeit und erholte sich dabei. / Er war gern in der Natur und liebte das Segeln. / Seine Leidenschaft für Segelboote / und ausgedehnte Ausflüge auf dem Wasser begann 1896 / in seiner Zeit in Zürich im Alter von 17 Jahren. / Aber das Geld für ein eigenes Boot hatte er noch nicht. / Diesen Traum erfüllte er sich erst in Berlin, 18 Jahre später.
(82 Wörter)

❷ Testdiktat:

Albert Einstein

Einen berühmteren Wissenschaftler gibt es nicht: / Albert Einstein, das Genie der Wissenschaft schlechthin. / Er revolutionierte das Weltbild innerhalb nur eines einzigen Jahres, nämlich 1905. / Er war zielstrebig, hatte nur seine Wissenschaft im Kopf – / zu Lasten seiner Freunde, Ehefrauen und Kinder. / Auf dem Höhepunkt seiner Karriere bewunderte ihn / seine Umgebung, verstand ihn aber nicht. / Einstein war ab den 30er-Jahren / ein Mediensuperstar, eine Kultfigur. / Wo er auftrat, wo er sprach, / waren die Menschen begeistert. / Im November 1922 erhielt er den Nobelpreis für Physik für das Jahr 1921.
(87 Wörter)

Theorieblatt
Albert Einstein

Allgemeine Relativitätstheorie

Erst mit seiner Allgemeinen Relativitätstheorie gelang es Einstein, Relativität und Gravitation zusammen zu führen – und das nur, weil er eine alteingesessene physikalische Idee aufgab: Raum und Zeit sind dynamisch, werden durch die in ihr enthaltene Materie verzerrt und beeinflussen ihrerseids, wie sich die Materie bewegt. Die neue Theorie macht überraschende Vorhersagen. Beispielsweise, das auch Licht durch Gravitation abgelenkt wird – heute in einer Vielzahl astronomischer Beobachtungen nachgewiesen –, aber auch die Existenz von so exotischen Objekten wie schwarzen Löchern oder von Gravitationswellen.

❶ Im Text oben befinden sich vier Fehler. Streichen Sie die falschen Wörter durch und schreiben Sie diese richtig darunter. (2 P.)

_____   _____

_____   _____

❷ Finden Sie die passende Rechtschreibstrategie heraus, um das Wort an der markierten Stelle richtig schreiben zu können. Kreuzen Sie an. (1 P.)

a. **t**heoretisch
- ☐ Ich muss mir das Wort merken.
- ☐ Ich beachte die Nachsilbe.
- ☐ Ich höre auf den lang gesprochenen Vokal.

b. im **I**nneren
- ☐ Ich muss mir das Wort merken.
- ☐ Ich beachte das Signalwort.
- ☐ Ich leite das Wort ab.

❸ Schreiben Sie den Text unten richtig auf. Jeder Fehler gibt einen halben Punkt Abzug. (2 P.)

JEKOMPAKTERUNDMASSIVEREINOBJEKT,UMSOSTÄRKERDIEGRAVITATIONSWIRKUNGAUFSEINEUNMITTELBAREUMGEBUNG–UNDUMSODEUTLICHERDIEABWEICHUNGDERALLGEMEIN-RELATIVISTISCHENVORHERSAGENVONJENENDERNEWTONSCHENGRAVITATIONS-THEORIE.

_____

_____

❹ Setzen Sie die jeweils passende Konjunktion ein. (1 P.)

_____ ein Raumschiff mit Lichtgeschwindigkeit fliegt, _____ vergeht nach der allgemeinen Relativitätstheorie keine Zeit, sie wird ins Unendliche gedehnt.

Gesamtpunktzahl: 6 Punkte

DRS | Lösung

Theorieblatt
Klimakatastrophe

❶ Finden Sie die passende Rechtschreibstrategie heraus, um das Wort an der markierten Stelle richtig schreiben zu können. Schreiben Sie auf die Leerzeilen. (1,5 P.)

a. Sonneneinstr**ah**lung — Wird ein Vokal lang gesprochen, folgt in vielen Fällen ein Dehnungs-h.

b. fo**ss**ile Stoffe — 1. Durch Trennen kann man das „ss" herausfinden.
2. Das Wort ist ein Merkwort, man muss es lernen.

c. **p**ublizieren — 1. Man schreibt das Wort klein aufgrund der Endung „-ieren".
2. Man kann das „p" deutlich hören oder ableiten (Publikum).

❷ Im Text unten befinden sich vier Fehler. Streichen Sie die falschen Wörter durch und schreiben Sie diese richtig darunter. (2 P.)

Welche weitere Erwärmung in Zukunft auf uns ~~zu kommt~~, hängt neben den Annahmen über die Temperaturerhöhung bei einer Kohlendioxid-Verdoppelung von den Annahmen über künftige ~~Emmissionen~~ an Treibhausgasen und – davon abhängig – ihre künftige Konzentration in der Atmosphäre ab. Je nach ~~Zenario~~ liegt die mögliche Erwärmung im 21. Jahrhundert zwischen 1,1 und 6,4 ~~C~~.

zukommt	Emissionen
Szenario	°C

❸ Setzen Sie die vier fehlenden Satzzeichen ein. (2 P.)

*Michaela anwortet**:** „Die Erde ist unterteilt in fünf verschiedene Klimazonen**:** (,) die tropischen Regenklimate, Trockenklimate, warmgemäßigte Regenklimate, Schneeklimate und Eisklimate.**"***

❹ Kreuzen Sie den richtig geschriebenen Satz an. (0,5 P.)
- ☐ *Extreme Wetterlagen werden zunehmen, und wahrscheinlich werden Taifune und Hurikans heftiger werden.*
- ☐ *Extreme Wetterlagen werden zunehmen, und wahrscheinlich werden Tayfune und Hurikans heftiger werden.*
- ☒ *Extreme Wetterlagen werden zunehmen, und wahrscheinlich werden Taifune und Hurrikans heftiger werden.*

Gesamtpunktzahl: 6 Punkte

| DRS | Lösung |

Theorieblatt
Die Entstehung des Lebens

Die ältesten Fossilien

Einblicke in die Arbeit der Evolution zu gewinnen ist ein ebenso ~~Aufregendes~~ wie schwieriges Unterfangen. Die vermeintlich ersten Lebensspuren, chemische Fingerabdrücke von ~~Backterien~~ aus einer Zeit von vor 3,8 Milliarden Jahren, scheinen nach neuen ~~Erkentnissen~~ doch nicht biologischen Ursprungs zu sein. Je handfester die Beweise, desto besser. Die ältesten Fossilien, die man bislang gefunden hat, führen in die Urmeere des Archaikums und sind 3,5 Milliarden Jahre alt: fadenförmige Zellen aus Kieselgesteinen in Westaustralien, wahrscheinlich ~~Blaualge~~.

❶ Im Text befinden sich vier falsch geschriebene Wörter. Schreiben Sie sie richtig auf. (2 P.)

aufregendes   Bakterien

Erkenntnissen   Blaualgen

❷ Wandeln Sie den folgenden Satz in die indirekte Rede um. (1 P.)

Erich von Däniken behauptet: „Außerirdische sind vor Jahrtausenden auf der Erde gelandet und haben Einfluss auf die Entwicklung der Menschheit genommen."

Erich Däniken behauptet, Außerirdische seien von Jahrtausenden auf der Erde gelandet und haben Einfluss auf die Entwicklung der Menschheit genommen. (Alternative: ..., dass ...)

❸ Wandeln Sie den Satz so um, dass ein Satzgefüge entsteht. (1,5 P.)

Trotz der Entdeckung einiger Aminosäuren war die Entstehung des Lebens noch nicht bewiesen.

Obwohl einige Aminosäuren entdeckt wurden, war die Entstehung des Lebens noch nicht bewiesen.

❹ Setzen Sie im nachfolgenden Satz das richtige Wort ein und begründen Sie dessen Schreibweise. (1 P.)

Das ist eine Hypothese, der heute nicht __**widersprochen**__ (wiedersprochen / widersprochen) wird.

„wider" bedeutet so viel wie „gegen", „dagegen", „entgegen", „contra". („wieder" hat meist die Bedeutung von „noch einmal", „ein weiteres Mal", „erneut").

❺ Kreuzen Sie den Satz an, in dem alles richtig geschrieben ist. (0,5 P.)

☐ *Die experimentell bewiesene Theorie von der Ursuppe des Lebens machte welt weit Furrohre.*
☐ *Die experiemtell bewiesene Theorie von der Ursuppe des Lebens machte Welt weit Furore.*
☐ *Die experiemtell bewiesene Theorie von der Ursuppe des Lebens machte Weltweit Furrore.*
☒ *Die experimentell bewiesene Theorie von der Ursuppe des Lebens machte weltweit Furore.*

Gesamtpunktzahl: 6 Punkte

DRS | Lösung

Theorieblatt
Der Aufstieg des Menschen

❶ Finden Sie die passende Rechtschreibstrategie heraus, um das Wort an der markierten Stelle richtig schreiben zu können. Kreuzen Sie an. (1,5 P.)

a. Pa_l_ette
- ☐ Ich trenne das Wort.
- ☐ Ich muss mir das Wort merken.
- ☒ Ich kann das Wort ableiten.

b. H_y_pothese
- ☒ Ich suche verwandte Wörter.
- ☐ Ich trenne das Wort.
- ☐ Ich bilde den Plural.

c. _k_ulturell
- ☒ Ich beachte die Nachsilbe.
- ☐ Ich trenne das Wort.
- ☐ Ich steigere das Wort.

❷ Im Text unten befinden sich vier Fehler. Streichen Sie die falschen Wörter durch und schreiben Sie diese richtig darunter. (2 P.)

Unter dem Druck einer gnadenlosen eiszeitlichen Umwelt hatte sich das Neandertaler-Gehirn auf ein ~~gewalltiges~~ Volumen vergrößert. Doch konnten sie die Erkenntnisse, die in ~~diesen~~ zum Teil 1600 Kubikzentimeter großen ~~Denkapperat~~ gespeichert waren, genau so effizient untereinander austauschen und an die Nachkommenschaft weitergeben, wie wir das können? Die Meinungen der Forscher gehen hier teilweise ~~betrechtlich~~ auseinander.

| __gewaltiges__ | __diesem__ |
| __Denkapparat__ | __beträchtlich__ |

❸ Welche Wörter müssen großgeschrieben werden? Verbessern Sie den Text unten. Jeder Fehler gibt einen halben Punkt Abzug. (1,5 P.)

*Aus der **W**ölbung des **S**chädels schloss man, der **K**ehlkopf habe bei den **N**eandertalern höher gelegen. **D**er gesamte **S**timmapparat sei affenähnlicher gewesen, so dass sie nicht das ganze menschliche **L**autspektrum hervorbringen konnten.*

❹ Setzen Sie die passenden Wörter unten ein. Jeder Fehler gibt einen halben Punkt Abzug. (1 P.)

- Der Neander war erheblich schwerer __als__ der Cro-Magnon-Mensch.
- Schimpansen haben dasselbe Gehirnvolumen __wie__ der Australopithecus afarensis.
- Der __älteste (kleinste)__ Hominide steht in der Abbildung auf der rechten Seite.

Gesamtpunktzahl: 6 Punkte

DRS | Lösung

Theorieblatt
Evolutionsforschung

Darwins Evolutionstheorie

Schließlich kommt Darwin zu dem Schluss, dass sich alles Leben aus verschiedenen ~~Uhrformen~~ durch die Jahrtausende verändert und entwickelt haben muss. Dabei stellt er folgende These auf: Die Arten verändern sich. Diese Veränderung ist ein Ergebnis der natürlichen Auslese, eines Kampfes ~~um~~ Dasein, den der am besten ~~angepasste~~ gewinnt. Das bedeutet, ~~das~~ nur die Tiere und Pflanzen überleben, die am schnellsten mit Veränderungen in ihrer Umwelt zurechtkommen, die sich am erfolgreichsten gegen ihre Feinde zur Wehr setzen und die das bestehende Nahrungsangebot am besten nutzen.

❶ Im Text befinden sich vier falsch geschriebene Wörter. Schreiben Sie diese richtig auf. (2 P.)

Urformen	ums
Angepasste	dass

❷ Wandeln Sie den folgenden Satz in die indirekte Rede um. (1 P.)
Wissenschaftler fordern von Präsident Obama: „Die Politik muss den Einfluss des Intelligent Design deutlich einschränken."

Wissenschaftler fordern von Präsident Obama, die Politik müsse den Einfluss des Intelligent Design deutlich einschränken.

❸ Wandeln Sie den Satz so um, dass eine Satzverbindung entsteht. (1,5 P.)
Darwins Lehre wird in den USA von Intelligent Design noch immer bekämpft, obwohl die Evolution der Lebewesen schon längst allgemein anerkannt ist.

Die Evolution der Lebewesen ist schon längst allgemein anerkannt, doch Darwins Lehre wird in den USA von Intelligent Design noch immer bekämpft.

❹ Setzen Sie im Satz unten das richtige Wort ein und begründen Sie dessen Schreibweise. (1 P.)
Doch (seit/seid) __seit__ Jahren lehnen sich Kreationisten gegen die Lehre Darwins auf.

„seit" in Zusammenhang mit einer Zeitangabe: seiT bei ZeiT.

❺ Kreuzen Sie den Satz an, der die richtige Aussage trifft. (0,5 P.)
- ☒ *Lamarck vertrat die Auffassung, dass sich durch die Veränderung der Umwelt ein kontinuierlicher Artenwandel vollzieht.*
- ☐ *Lamarck vertrat die Ansicht, dass sich durch die Konstanz der Umwelt ein kontinuierlicher Artenwandel vollzieht.*
- ☐ *Lamarck vertrat die Meinung, dass sich durch die Veränderung der Umwelt ein plötzlicher Artenwandel vollzieht.*

Gesamtpunktzahl: 6 Punkte

| DRS | Lösung |

Theorieblatt
Seuchen

Die Cholera
Eine der gefährlichsten Seuchen ist die Cholera. Sie ist eine Erkrankung der Darmschleimhaut, die zu ~~permanenten~~ Erbrechen und Durchfall führt. Der stetige Wasserverlust bewirkt die innere Austrocknung des Körpers und den Verlust ~~lebenwichtiger~~ Mineralien. Ohne Behandlung sterben bis zu zwei Drittel aller Erkrankten innerhalb von ein bis sechs Tagen. Hervorgerufen wird die Cholera durch eine Infektion mit dem Vibrio cholerae, einem im Wasser lebenden ~~Bakterien~~, das gegen Austrocknung ~~empfindlich~~ ist. In Süsswasser sowie auf feuchtem Untergrund, teilweise auch in Salzwasser, kann es jedoch wochenlang überleben und sich vermehren.

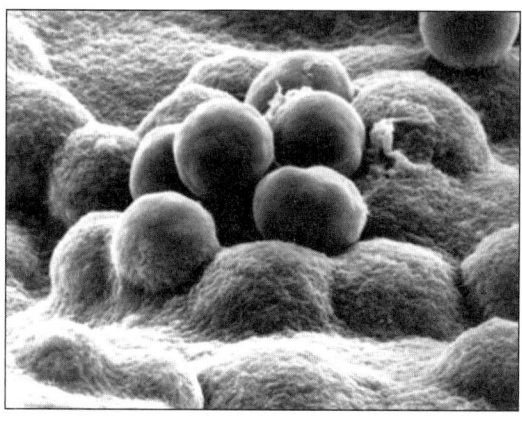

❶ Im Text befinden sich vier falsch geschriebene Wörter. Schreiben Sie diese richtig auf. (2 P.)

| permanentem | lebenswichtiger |
| Bakterium | unempfindlich |

❷ Setzen Sie den folgenden Satz ins Passiv. (1 P.)
Robert Koch entdeckte 1883 den Erreger der Cholera, das Bakterium „Vibrio cholerae".

Der Erreger der Cholera, das Bakterium „Vibrio cholerae" wurde 1883 von Robert Koch entdeckt.

❸ Setzen Sie die richtige Konjunktion ein. (0,5 P.)

__**Wenn**__ das Cholerabakterium mit Wasser oder kontaminierten Lebensmitteln in den Körper gelangt, vermehrt es sich dort massenhaft im Darm.

❹ Setzen Sie im Text unten die drei fehlenden Satzzeichen ein. (1,5 P.)

Die Cholera kommt aus dem Griechischen**,** heißt „Gallenbrechdurchfall" und ist eine schwere bakterielle Infektionskrankheit**,** die vorwiegend den Dünndarm befällt.

❺ Welcher Satz ergibt keinen Sinn? Kreuzen Sie diesen Satz an. (0,5 P.)
- ☐ *Nicht jede Infektion führt zwangsläufig zu einer Erkrankung, wenn Krankheitserreger in den Körper gelangen.*
- ☐ *Eine Infektion führt dann nicht zu einer Erkrankung, wenn keine Krankheitserreger in den Körper gelangen.*
- ☒ *Jede Infektion führt zwangsläufig zu einer Erkrankung, wenn Krankheitserreger in den Körper gelangen.*
- ☐ *Natürlich kommt es nicht zu einer Erkrankung, wenn keine Krankheitserreger in den Körper gelangen.*

Gesamtpunktzahl: 6 Punkte

DRS | Lösung

Theorieblatt
Intelligenz

Intelligenz bei Delfinen
Delfine haben offenbar eine enorme emotionale Intelligenz. Aus Therapien mit Delfinen und behinderten, insbesondere ~~kommunikationgestörten~~ Kindern weiß man, dass Delfine ein ausgeprägtes Gespür für ~~schwächere~~ haben. Mit ihrer Kraft und Energie vermögen sie außerdem, auf bislang nicht erforschte Weise auf den Genesungsprozess einzuwirken. Eltern und ~~Therapeuthen~~ berichten übereinstimmend von ~~rießigen~~ Fortschritten der Kinder innerhalb kürzester Zeit, die mit üblichen jahrelangen Therapien nicht zu erzielen waren.

❶ Im Text befinden sich vier falsch geschriebene Wörter. Schreiben Sie sie richtig auf. (2 P.)

kommunikationsgestörten   Schwächere

Therapeuten   riesigen

❷ Wandeln Sie den folgenden Satz in die direkte Rede um. (1,5 P.)
Wissenschaftler behaupten, der Homo sapiens sei intelligenter gewesen als der Homo habilis.

Wissenschaftler behaupten: „Der Homo sapiens ist intelligenter gewesen als der Homo habilis."

❸ Setzen Sie den Satz unten ins Passiv. (1 P.)
Ein Schimpanse packte den schweren Steinhammer problemlos mit einer Hand.

Der schwere Steinhammer wurde von einem Schimpansen problemlos mit einer Hand gepackt.

❹ Setzen Sie im nachfolgenden Satz das richtige Wort ein und begründen Sie dessen Schreibweise. (1 P.)
Einige Wissenschaftler (erwidern/erwiedern) __**erwidern**__ *, dass Tiere durchaus Anzeichen von Intelligenz besitzen können.*

„wider" bedeutet so viel wie „gegen", „dagegen", „entgegen", „contra". „Erwidern" heißt auch „dagegensprechen".

❺ Kreuzen Sie den Satz an, in dem alles richtig geschrieben ist. (0,5 P.)
- [X] *Intelligenz, Gefühle und Bewusstsein gestand man ausschließlich dem Menschen zu.*
- [ ] *Intelligenz, Gefühle und Bewußtsein gestand man ausschließlich dem Menschen zu.*
- [ ] *Intelligenz, Gefühle und Bewusstsein gestand man ausschließlich dem Menschen zu.*
- [ ] *Intelligenz, Gefühle und bewusst Sein gestand man ausschließlich nur dem Menschen zu.*

Gesamtpunktzahl: 6 Punkte

D<small>RS</small> | Lösung

Theorieblatt
Die Ilias

Homer schildert in der Ilias die 51 Tage der entscheidenden ~~Kriegszenen~~ während der Belagerung Trojas durch die Griechen, jedoch nicht die ganzen zehn Kriegsjahre. Die Ilias berichtet vor allem über Achilleus (deutsch: Achilles), den stärksten Kämpfer der Griechen. Als der Oberbefehlshaber der Griechen, Agamemnon – König von Mykene – Achilles eine Gefangene ~~weg nimmt~~, hört dieser auf zu kämpfen. Als sein Freund Patroklos im Kampf vom ~~Trojanischen~~ Prinzen Hektor getötet wird, nimmt Achilles Rache an dem Trojaner und tötet ihn. Die Ilias endet mit der Beisetzung Hektors.

❶ Im Text befinden sich drei falsch geschriebene Wörter. Schreiben Sie sie richtig auf. (1,5 P.)

Kriegsszenen, wegnimmt, trojanischen

❷ Wandeln Sie den folgenden Satz in das Aktiv um. (1 P.)
Hektor wird von Achillles im Zweikampf getötet, dessen Leichnam an einen Streitwagen gebunden und um Troja gezogen.

Achilles tötet Hektor im Zweikampf, bindet dessen Leichnam an einen Streitwagen und zieht ihn um Troja.

❸ Stellen Sie den ersten Teil des Satzes so um, dass das Verb zum Nomen wird. (1 P.)
Alle schönen Stellen der „Ilias" zu nennen, würde den Rahmen des Buches sprengen.

Die Nennung aller schönen Stellen der „Ilias" würde den Rahmen des Buches sprengen.

❹ Setzen Sie im Text unten die vier fehlenden Satzzeichen ein. (2 P.)
Wer von Sätzen, die kürzer sind als ihre Wörter und von ausführlich beschriebenen Körperfunktionen und anderen Banalitäten, womit sich die „moderne Literaur" so intensiv beschäftigt, genug hat, der sollte die „Ilias" lesen.

❺ Kreuzen Sie den Satz an, der den Sachverhalt richtig wiedergibt. (0,5 P.)
- ☐ Das von Odysseus erdachte Trojanische Pferd ist ein Geschenk der Trojaner an die Griechen.
- ☐ Das von Odysseus erdachte Griechische Pferd ist ein Geschenk der Griechen an die Trojaner.
- ☒ Das von Odysseus erdachte Trojanische Pferd ist ein Geschenk der Griechen an die Trojaner.
- ☐ Das von Hektor erdachte Trojanische Pferd ist ein Geschenk der Trojaner an die Griechen.
- ☐ Das von Achilles erdachte Griechische Pferd ist ein Geschenk der Griechen an die Trojaner.

Gesamtpunktzahl: 6 Punkte

DRS Lösung

Theorieblatt
Werbung

Werbung überall

Werbung ist heutzutage etwas ~~selbstverständliches~~ und ist auch aus unserem Leben nicht mehr wegzudenken. Wir sehen und hören sie jeden Tag. Ob im Fernsehen, im Kino, im Radio, in Zeitschriften oder auf großen ~~Litfasäulen~~, Werbung lauert einfach überall. Werbung erzeugt Wünsche, die ohne sie nicht da wären, daher entstehen überflüssige ~~Produckte~~ ohne eigentlichen Nutzwert. Es besteht die zunehmende Notwendigkeit, Unnötiges zu produzieren und zu konsumieren. Erst die Werbung ~~verleit~~ vielen Erzeugnissen ihre Bedeutung.

❶ Im Text oben befinden sich vier Fehlerwörter. Schreiben Sie diese richtig unten auf. (2 P.)

__Selbstverständliches__   __Litfaßsäulen (Litfaß = Eigenname)__

__Produkte__   __verleiht__

❷ Finden Sie die passende Rechtschreibstrategie heraus, um das Wort an der markierten Stelle richtig schreiben zu können. Kreuzen Sie an. (1,5 P.)

a. **s**timulieren
- ☐ Ich beachte die Vorsilbe.
- ☐ Ich muss mir das Wort merken.
- ☒ Ich beachte die Nachsilbe.

b. **K**aufbefehl
- ☐ Ich suche verwandte Wörter.
- ☒ Ich beachte das Grundwort.
- ☐ Ich bilde den Plural.

c. wa**h**rnehmen
- ☐ Ich suche verwandte Wörter.
- ☐ Ich muss mir das Wort merken.
- ☒ Ich beachte den lang gesprochenen Vokal.

❸ Schreiben Sie den Text unten richtig auf. Jeder Fehler gibt einen halben Punkt Abzug. (1 P.)

WIRHABENÄRGERMITDEMLEBENSPARTNER,ÄRGERAUFDERARBEITODERIRGENDWELCHEANDERENPROBLEME.DASKANNDANNBEIMANCHENMENSCHENEINGRUNDSEIN,EINKAUFENZUGEHEN.

__Wir haben Ärger mit dem Lebenspartner, Ärger auf der Arbeit oder irgendwelche anderen Probleme. Das kann dann bei manchen Menschen ein Grund sein, einkaufen zu gehen.__

❹ Setzen Sie die passenden Wörter unten ein. (1,5 P.)

- Die Werbeindustrie interessiert sich für kurzfristige betriebswirtschaftliche Vorteile, __anstatt__ auf das langfristige Wohlergehen des Konsumenten Wert zu legen.
- Nicht nur optische, __(sondern) auch__ akustische Reize spielen in der Werbung eine Rolle.
- Da fragt man die Hausfrau, __ob__ sie denn die besten Produkte für ihre Familie kaufe.

(warum, weshalb, wieso)

Gesamtpunktzahl: 6 Punkte

DRS | Lösung

Theorieblatt
Die Immobilienkrise in den USA

Die Börse
An der Börse werden Aktien gehandelt. Ihre Kurse schwanken laufend und hängen ~~vorallem~~ von den erwarteten Gewinnen und der Konjunktur ab. Läuft das Geschäft einer Firma gut, steigt der Kurs. Werden hingegen permanent Verluste gemacht, sinkt er. Denn damit steigen die Kosten des Unternehmens. Findet ein Börsenaufschwung innerhalb ganzer ~~Branschen~~ oder im Gesamtmarkt statt, handelt es sich um eine sogenannte „~~Housse~~", dargestellt durch einen Stier. Das Gegenteil, das ~~sinken~~ der Wertpapierkurse, heißt „Baisse" und wird durch einen Bären symbolisiert.

❶ Im Text oben befinden sich vier Fehler. Streichen Sie die falschen Wörter durch und schreiben Sie diese richtig auf die Zeilen unten. (2 P.)

vor allem	Branchen
Hausse	Sinken

❷ Finden Sie die passende Rechtschreibstrategie heraus, um das Wort an der markierten Stelle richtig schreiben zu können. Schreiben Sie auf die Leerzeilen. (1 P.)

a. e<u>h</u>rwürdig — **Wird ein Vokal lang gesprochen, folgt in vielen Fällen ein Dehnungs-h.**

b. In<u>v</u>estment — **Das Wort ist ein Merkwort, man muss es lernen.**

❸ Schreiben Sie das richtige Wort auf die Leerzeile. Begründen Sie die Schreibweise. (1 P.)

Die Börsen spiegeln den Fall der Banken unbarmherzig (wieder/wider) __**wider**__.

„wider" bedeutet so viel wie „gegen", „dagegen", „entgegen", „contra". „Widerspiegeln" heißt auch „gegenspiegeln".

❹ Setzen Sie im Text unten die fehlenden Satzzeichen ein. (1,5 P.)

*Das globale Finanzsystem wankt**,** Banken schreiben Milliarden ab**,** einst grundsolide Häuser müssen zittern. Hält die Krise der Kreditinstitute länger an**?***

❺ Setzen Sie das passende Wort auf die Leerzeile. (0,5 P.)

Banken pumpen Dutzende Milliarden in die Märkte, dazu senken sie die ohnehin schon niedrigen __**Zinsen**__ *weiter.*

Gesamtpunktzahl: 6 Punkte

| DRS | Lösung |

Theorieblatt
Johann Wolfgang von Goethe

1775 ging Goethe nach Weimar. Er folgte damit einer Einladung des jungen Herzogs Carl August von Sachsen-Weimar-Eisenach. Goethe wurde zum engen Freund des Herzogs und von diesem zum Minister und zum Geheimrat am ~~weimarer~~ Hof ernannt. Nachdem sich Goethe in Weimar einige Jahre seinen neuen politischen Aufgaben gewidmet und sich auch als Forscher auf ~~naturwissenschaftlichen~~ Gebiet betätigt hatte, zog es ihn voll innerer Unruhe in die ~~ferne~~. Sein Aufbruch 1786 nach Italien kam einer Flucht gleich. Er suchte nach neuen Eindrücken und ~~Inspirazionen~~ für sein literarisches Schaffen.

❶ Im Text oben befinden sich vier Fehlerwörter. Schreiben Sie diese richtig unten auf. (2 P.)

Weimarer   **naturwissenschaftlichem**

Ferne   **Inspirationen**

❷ Finden Sie die passende Rechtschreibstrategie heraus, um das Wort an der markierten Stelle richtig schreiben zu können. Kreuzen Sie an. (1,5 P.)

a. **v**ollenden
- ☐ Ich muss mir das Wort merken.
- ☒ Ich suche verwandte Wörter.
- ☐ Ich beachte die Nachsilbe.

b. **K**aufbefehl
- ☐ Ich suche verwandte Wörter.
- ☒ Ich beachte das Grundwort.
- ☐ Ich beachte das Bestimmungswort.

c. w**ä**hrend
- ☐ Ich suche verwandte Wörter.
- ☒ Ich muss mir das Wort merken.
- ☐ Ich beachte den kurz gesprochenen Vokal.

❸ Schreiben Sie den Text unten richtig auf. Jeder Fehler gibt einen halben Punkt Abzug. (1 P.)

Vomleidenschaftlichensturmunddrangginggoethenunindenliterarischenbereichdertiefgründigen, klassischgeprägtentragödieüber.

Vom leidenschaftlichen Sturm und Drang ging Goethe nun in den literarischen Bereich der tiefgründigen, klassisch geprägten Tragödie über.

❹ Setzen Sie die passenden Fremdwörter unten ein. (1,5 P.)

• Goethe beschäftigt sich seit 1793 besonders stark (__**intensiv**__) mit Studien zu Homer.

• 1830 erscheint der letzte Teil seiner Beschreibung der eigenen Lebensgeschichte (__**Auto-biographie**__), „Dichtung und Wahrheit, vierter Teil".

• Die Dichtungen Goethes werden vor dem Hintergrund der Zeitgeschichte präzise und anschaulich beschrieben und auf einzelne Merkmale untersucht (__**analysiert**__).

Gesamtpunktzahl: 6 Punkte

DRS | Lösung

Theorieblatt
Die Rote Armee Fraktion

Um gegen den ~~Vietnahm-Krieg~~ zu protestieren, verübte die RAF eine Serie von Bombenanschlägen, unter anderem auf die ~~Hauptquatiere~~ der US-Armee in Heidelberg und Frankfurt. Vier US-Soldaten starben. Aber es gab auch ~~Deutsche~~ Ziele, wie die Polizeidirektion in Augsburg und das Auto des Bundesrichters Wolfgang Buddenberg, der für die Ermittlungen gegen die RAF zuständig war. Am 19. Mai 1972 schließlich gingen im Hamburger ~~Axel-Bringer-Haus~~ mehrere Bomben hoch. Obwohl es zuvor mehrere Warnanrufe gegeben hatte, war das Gebäude nicht geräumt worden. Mehr als 30 Menschen wurden bei dem Anschlag verletzt.

❶ Im Text oben befinden sich vier Fehler. Schreiben Sie die Wörter richtig auf die Zeilen unten. (2 P.)

Vietnam-Krieg	Hauptquartiere
deutsche	Axel-Springer-Haus

❷ Finden Sie die passende Rechtschreibstrategie heraus, um das Wort an der markierten Stelle richtig schreiben zu können. Schreiben Sie auf die Leerzeilen. (1 P.)

a. schlie**ß**lich — **Wird ein Vokal lang gesprochen, folgt in vielen Fällen ein „ß".**

b. **k**risenfest — **1. Man kann das „k" hören.**
2. Man schreibt klein, weil das Grundwort ein Adjektiv ist.

❸ Streichen Sie jeweils das falsch geschriebene Wort durch. (1 P.)

• Die Geiselnahme/~~Geißelnahme~~ des Arbeitgeberpräsidenten Schleyer endet nach 44 Tagen mit dessen Ermordung.

• Bis heute sorgt die Rote Armee Fraktion für kontroverse/~~kontraverse~~ Debatten.

❹ Setzen Sie im Text unten die fehlenden Satzzeichen ein. (1,5 P.)

*Aber was**,** wenn man versucht hätte**,** die Spirale des Todesspiels mit Kompromissen zu durchbrechen**?***

❺ Setzen Sie das passende Fremdwort auf die Leerzeile. (0,5 P.)

*Von keinem der Täter geht heute noch eine wirkliche (**reale**   ) Bedrohung aus.*

Gesamtpunktzahl: 6 Punkte

DRS Lösung

Theorieblatt
Die UNO

Gründung der UNO
Ihre Wurzeln haben die ~~Vereinigten~~ Nationen in den Haager Friedenskonferenzen und im Völkerbund, der nach dem ~~ersten~~ Weltkrieg mit dem Ziel gegründet wurde, den Frieden auf der Welt dauerhaft zu sichern. Allerdings erhielt der Völkerbund durch mangelndes Beitrittsinteresse – so waren etwa die USA kein Mitglied im Völkerbund – nicht den nötigen ~~Einfluß~~, um seine Ziele durchsetzen zu können, und war mit ~~ausbruch~~ des Zweiten Weltkrieges praktisch gescheitert.

❶ Im Text oben befinden sich vier Fehler. Streichen Sie die falschen Wörter durch und schreiben Sie diese richtig darunter. (2 P.)

Vereinten	**Ersten**
Einfluss	**Ausbruch**

❷ Finden Sie die passende Rechtschreibstrategie heraus, um das Wort an der markierten Stelle richtig schreiben zu können. Kreuzen Sie an. (1,5 P.)

a. *Republi**k***
☐ Ich beachte die Vorsilbe.
☐ Ich trenne das Wort.
☒ Ich beachte die Nachsilbe.

b. ***h**auptverantwortlich*
☒ Ich beachte das Grundwort.
☐ Ich achte auf den darauffolgenden Umlaut.
☐ Ich zerlege das Wort in Silben.

c. *abz**ie**len*
☐ Ich achte auf den lang gesprochenen Mitlaut.
☐ Ich achte auf den lang gesprochenen Selbstlaut.
☒ Ich achte auf den lang gesprochenen Doppellaut.

❸ Welche Wörter müssen großgeschrieben werden? Verbessern Sie den Text unten. Jeder Fehler gibt einen halben Punkt Abzug. (1 P.)

Bei der **K**onferenz von **D**umbarton **O**aks wurde weiter über die **G**ründung der **UN** beraten. Nach **E**inbeziehung **F**rankreichs in den **K**reis der hauptverantwortlichen **M**ächte konnte die **B**eurkundung 1945 auf der **K**onferenz von **J**alta vorgenommen werden.

❹ Streichen Sie jeweils die beiden falsch geschriebenen Wörter durch. (1,5 P.)
• Die UNO dringt auf eine ~~schnellmögliche~~/~~schnellstmöglichste~~/schnellstmögliche Lösung.
• Alles basiert/~~pasiert~~/~~passiert~~ auf dem Prinzip der souveränen Gleichheit.
• Roosevelt erarbeitete zusammen mit Churchill die ~~Atlantik-Karta~~/Atlantik-Charta/~~Atlantik-Karte~~.

Gesamtpunktzahl: 6 Punkte

DRS | Lösung

Theorieblatt
Deutsch-israelische Beziehungen

Israel und Deutschland sind durch ein dichtes Netz politischer, wirtschaftlicher, kultureller und auch zivilgesellschaftlicher Kontakte verbunden. Dieses Netz entstand bereits in den ~~50-iger-Jahren~~ auf der gesellschaftlichen Ebene. Am 12. Mai 1965 wurde dann die Aufnahme diplomatischer Beziehungen zwischen beiden Staaten vereinbart. Heute bilden die Beziehungen zum Staat Israel eine der ~~tragende~~ Säulen der deutschen Außenpolitik. Die Vergangenheit, der nationalsozialistische Völkermord an den ~~Europäischen~~ Juden, ist dabei stets ~~gegenwertig~~. Das Wissen um diese Vergangenheit wird den Beziehungen zwischen beiden Staaten immer einen besonderen Charakter verleihen.

❶ Im Text oben befinden sich vier Fehler. Schreiben Sie die Wörter richtig auf die Zeilen unten. (2 P.)

__50er-Jahre__   __tragenden__

__europäischen__   __gegenwärtig__

❷ Finden Sie die passende Rechtschreibstrategie heraus, um das Wort an der markierten Stelle richtig schreiben zu können. Schreiben Sie auf die Leerzeilen. (1 P.)

a. d<u>i</u>verse   __1. Ich beachte die Vorsilbe „di".__

__2. Ich suche ähnliche Wörter.__

b. K<u>oo</u>peration   __1. Ich trenne das Wort.__

__2. Ich setze das Wort aus Vorsilbe und Wortstamm zusammen.__

❸ Streichen Sie jeweils die beiden falsch geschriebenen Wörter durch. (1 P.)

• Die Öffentlichkeit nimmt antiisralische Ressentiments/~~Resentiments~~/~~Resentimants~~ in Europa und Deutschland heute mit mehr Gelassenheit auf als in früheren Zeiten.

• Politische Turbulenzen sind auch heute noch im ~~Nahenosten~~/~~nahen Osten~~/Nahen Osten vorhanden.

❹ Setzen Sie im Text unten die fehlenden vier Satzzeichen ein. (2 P.)

Israels früherer Staatspräsident Yitzhak Navon**:** **„**Beide Seiten blicken in die Zukunft**,** aber sie vergessen die Vergangenheit nicht.**"**

❺ Setzen Sie das passende Fremdwort auf die Leerzeile. (0,5 P.)

In Zeiten der weltumspannenden Beziehungen (__Globalisierung__) bestimmt „Deutschland" das „kollektive Gedächtnis" der Israelis weniger stark als früher.

Gesamtpunktzahl: 6 Punkte

DRS | Lösung

Theorieblatt
Konsum

Wegwerfgesellschaft

Die absatzorientierten Bemühungen der Konsumgüterindustrie, ~~kurz lebige~~ Produkte anzubieten, eine ~~Wegwurfmentalität~~ zu propagieren sowie durch raschen Wechsel modischer Formen und technischer Ausstattung der Güter ~~Sättigungtendenzen entgegen zu wirken~~ und neue Bedürfnisse zu wecken, machen die Problematik eines vorwiegend auf Konsum orientierten Verhaltens deutlich.

❶ Im Text oben befinden sich vier Fehler. Schreiben Sie die Wörter richtig auf die Zeilen unten. (2 P.)

__kurzlebige__   __Wegwerfmentalität__

__Sättigungstendenzen__   __entgegenzuwirken__

❷ Finden Sie die passende Rechtschreibstrategie heraus, um das Wort an der markierten Stelle richtig schreiben zu können. Schreiben Sie auf die Leerzeilen. (1 P.)

a. **O**rientierung   **Ich beachte die Nachsilbe.**

b. beja**h**en   **1. Ich trenne das Wort.**
   2. Ich achte auf den lang gesprochenen Vokal vor dem „h".

❸ Kreuzen Sie den Satz an, der richtig geschrieben ist. (0,5 P.)

☐ *Konsumgesellschaft umfasst verschiedene Aspeckte moderner Lebensstile in industriealisierten Staaten, meist in kritischer Intention.*

☒ *Konsumgesellschaft umfasst verschiedene Aspekte moderner Lebensstile in industrialisierten Staaten, meist in kritischer Intention.*

☐ *Konsumgesellschaft umfasst verschiedene Aspekte moderner Lebenstiele in industriealisierten Staaten, meist in kritischer Intention.*

❹ Setzen Sie im Text unten die drei fehlenden Satzzeichen ein. (1,5 P.)

„Als ich mal viel Geld hatte, bin ich sofort losgeschossen und habe meinen ersten Farbfernseher gekauft."

❺ Setzen Sie jeweils den passenden deutschen Ausdruck auf die Leerzeile. (1 P.)

• Die Integration (__Eingliederung__) der Konsumenten durch die Weckung und Überformung von Bedürfnissen und durch marktmäßige Befriedigungsformen.

• Die ambivalente (__zwiespältige__) Einstellung gegenüber dem Konsum.

(zweideutig, unpräzise, hintergründig, doppelseitig)

Gesamtpunktzahl: 6 Punkte

DRS | Lösung

Theorieblatt
Ozon und Smog

❶ Finden Sie die passende Rechtschreibstrategie heraus, um das Wort an der markierten Stelle richtig schreiben zu können. Kreuzen Sie an. (1,5 P.)

a. ru**ß**haltig
- ☒ Ich muss mir das Wort merken.
- ☐ Ich beachte die Nachsilbe.
- ☐ Ich höre auf den lang gesprochenen Vokal.

b. **I**nversion
- ☐ Ich muss mir das Wort merken.
- ☒ Ich beachte die Nachsilbe.
- ☐ Ich bilde den Plural.

c. tö**d**lich
- ☐ Ich beachte die Nachsilbe.
- ☐ Ich steigere das Wort.
- ☒ Ich leite das Wort ab.

❷ Im Text unten befinden sich vier Fehler. Streichen Sie die falschen Wörter durch und schreiben Sie diese richtig darunter. (2 P.)

Wintersmog entsteht bei winterlichen ~~Inversionwetterlagen~~ und bewirkt eine sichtbare Verunreinigung der Luft über städtischen und ~~industrieellen~~ Ballungsräumen. Daneben gibt es auch noch den sogenannten Sommersmog oder „Los-Angeles-Smog", bei dem an sommerlichen ~~schön Wetterlagen~~ aus den Auspuffabgasen der Autos Ozon gebildet wird. Zur Reduzierung von Sommersmog ist eine ~~Erhöhung~~ der Autoabgase erforderlich.

| **Inversionswetterlagen** | **industriellen** |
| **Schönwetterlagen** | **Reduzierung (Verminderung)** |

❸ Schreiben Sie den Text unten richtig auf. Jeder Fehler gibt einen halben Punkt Abzug. (1 P.)

smogisteinemischungausnatürlichemnebel,rauchundabgasenundistdeswegenumwelt-undgesundheitsgefährdend.

Smog ist eine Mischung aus natürlichem Nebel, Rauch und Abgasen und ist deswegen umwelt- und gesundheitsgefährdend.

❹ Setzen Sie die jeweils passende Konjunktion ein. (1,5 P.)

- Smog tritt vor allem auf, __wenn__ Inversionswetterlagen vorliegen.
- __Als__ 1952 in London innerhalb zwei Wochen mehrere tausend Menschen an den Folgen von Smog starben, war die ganze Welt geschockt.
- Die Luftverschmutzung ist weiterhin sehr hoch, __obwohl__ solche Katastrophen Warnung genug sein müssten.

Gesamtpunktzahl: 6 Punkte

| DRS | Lösung |

Theorieblatt
Wasserverschmutzung

Wasserverschmutzung durch die Industrie
Aber während die biologische Gewässerbelastung durch eine große Zahl von Menschen in den Industrieländern einer Lösung ~~entgegenging~~, entstand hier ein neues Problem: Mit der ~~industriellen~~ Revolution entstanden zunehmend schwer abbaubare, giftige Abwässer. Die Abwässer aus den anderen Bergwerken ~~konnte~~ durch hohen Schwefelgehalt des Erzes sehr sauer sein sowie Eisen- und Schwermetalle enthalten. Die Eisen- und Stahlproduktion verursachte große Mengen giftiger Abwässer, die unter anderem Cyanide und Schwermetalle enthielten, und die entstehende chemische Industrie setzte Salze, Farbstoffe sowie neuartige und giftige organische ~~Chemiekalien~~ frei.

❶ Im Text oben befinden sich vier Fehler. Schreiben Sie die Wörter richtig auf die Zeilen unten. (2 P.)

__entgegen ging__   __Industriellen__

__konnten__   __Chemikalien__

❷ Finden Sie die passende Rechtschreibstrategie heraus, um das Wort an der markierten Stelle richtig schreiben zu können. Schreiben Sie auf die Leerzeilen. (1 P.)

a. letzten**d**lich   __Ich kann das Wort ableiten.__

b. **Ü**bereinkommen   __1. Ich muss das Wort lernen.__

                          __2. Man kann einen Artikel vor das Wort setzen.__

❸ Setzen Sie im Text unten die drei fehlenden Satzzeichen ein. (1,5 P.)
In Afrika droht der Viktoriasee umzukippen**,** in den Kenia, Tansania und Uganda ungeklärte Haushalts- und Industrieabwässer einleiten**;** in den Flüssen Senegal und Niger leben kaum noch Fische.

❹ Kreuzen Sie den Satz an, der richtig geschrieben ist. (0,5 P.)
☐ *Die Schadstoffe, die sich an die Kunststoffpartickel anlagern, sind vorallem lang lebige Dioxine.*
☒ *Die Schadstoffe, die sich an die Kunststoffpartikel anlagern, sind vor allem langlebige Dioxine.*
☐ *Die Schadstoffe, die sich an die Kunstoffpartikel anlagern, sind vorallem lang lebige Dioxine.*

❺ Setzen Sie jeweils das passende Fremdwort auf die Leerzeile. (1 P.)
• Der von Thor Heyerdahl entdeckte Plastikmüll erwies sich nicht nur als ein das schöne Aussehen betreffendes (__ästhetisches__) Problem.
• Die erste Gruppe sind krankheitserregende Stoffe wie Bakterien, Viren, Protozoen und Schmarotzer (__Parasiten__), die in Abwassersystemen vorkommen.

Gesamtpunktzahl: 6 Punkte

DRS | Lösung

Theorieblatt
Auf dem Meeresgrund

Tauchgondel lockt mit Unterwasserwelt
In der ersten Juliwoche 2006 begannen die Montagearbeiten an der Konstruktion. Hunderte ~~Schaulustige~~ Urlauber beobachteten den Aufbau der Konstruktion von der Seebrücke aus. Ein auf dem Ponton befindlicher ~~Krahn~~ sorgte mit einer Spezialeinrichtung zunächst dafür, dass ein Pfeiler zehn Meter tief in den Grund der Ostsee versenkt wurde. Auf diesem wurde dann die eigentliche Konstruktion mit der Tauchgondel angebracht. Mithilfe von Tauchern und Spezialgerät wurden unter Wasser mächtige ~~Metalbolzen~~ zur Verankerung gebracht. Schließlich wurde die Gondel ~~Millimetergenau~~ über den blauen Pfeiler positioniert. Spannung und letztlich Erleichterung waren allen Beteiligten anzumerken.

❶ Im Text befinden sich vier falsch geschriebene Wörter. Schreiben Sie sie richtig auf. (2 P.)

schaulustige **Kran**

Metallbolzen **millimetergenau**

❷ Wandeln Sie den folgenden Satz in die direkte Rede um. (1,5 P.)
Der Chef des Tourismusbüros in Zinnowitz erklärte, Usedom werde durch diese Tauchgondel um eine Attraktion reicher.

Der Chef des Tourismusbüros in Zinnowitz erklärte: „Usedom wird durch diese Tauchgondel um eine Attraktion reicher."

❸ Stellen Sie nachstehenden Satz so um, dass das Verb zum Nomen wird. (1 P.)
Die Tauchgondel sieht aus wie ein futuristisches Gefährt.

Die Tauchgondel hat ein Aussehen wie ein futuristisches Gefährt. (Das Aussehen der Tauchgondel gleicht einem futuristischen Gefährt.)

❹ Setzen Sie im nachfolgenden Satz das richtige Wort ein und begründen Sie dessen Schreibweise. (1 P.)
*Trotz (widriger/wiedriger) __**widriger**__ Wetterverhältnisse wurde das Projekt rechtzeitig fertig gestellt.*

Im Wort „widrig" steckt das Wort „wider". Es bedeutet „zuwider", „widerwärtig", „ekelhaft", „widerlich".

❺ Kreuzen Sie den Satz an, in dem alles richtig geschrieben ist. (0,5 P.)
☐ *Im Innern des stationären Tauchbootes herrscht der selbe Druck wie an der Oberfläche.*
☐ *Im innern des stationären Tauchbootes herrscht der selbe Druck wie an der Oberfläche.*
☐ *Im Innern des stationeren Tauchbootes herrscht derselbe Druck wie an der Oberfläche.*
☒ *Im Innern des stationären Tauchbootes herrscht derselbe Druck wie an der Oberfläche.*

Gesamtpunktzahl: 6 Punkte

DRS | Lösung

Theorieblatt
Pressefreiheit

*Die Qualität des Journalismus ~~singt~~, weil Medienunternehmen mit den Medien mehr Geld verdienen wollen als früher.
Deutsche Journalisten, die über ihr Metier nachdenken sollen, geraten leicht in die Situation eines Tausendfüßlers, der überlegt, mit welchem Fuß er anfangen soll: Man ~~verhackt~~ sich leicht. Wir sind nicht sehr gut beim Definieren unseres Selbstverständnisses, wir überlassen das Feld gern den ahnungslosen, aber ungehetzten ~~Kommunikationswissenschaftler~~. In ~~Reaktionskonferenzen~~ ist das diskussionsfreudige Klima verschwunden, offenbar haben die wirtschaftlichen Schwierigkeiten, in die viele Zeitungen geraten sind, und die Existenzängste nicht weniger Redakteure damit zu tun.*

❶ Im Text befinden sich vier falsch geschriebene Wörter. Schreiben Sie sie richtig auf. (2 P.)

sinkt	verhakt
Kommunikationswissenschaftler	Redaktionskonferenzen

❷ Wandeln Sie den folgenden Satz in die indirekte Rede um. (1 P.)
Der Chefredakteur des Magazins „Der Spiegel" erklärte: „Die Durchsuchung der Redaktionsräume vonseiten der Polizei war nicht rechtens gewesen."

Der Chefredakteur des Magazins „Der Spiegel" erklärte, die Durchsuchung der Redaktionsräume vonseiten der Polizei wäre nicht rechtens gewesen.

❸ Stellen Sie nachstehenden Satz so um, dass das Verb zum Nomen wird. (1 P.)
Die Öffentlichkeit schätzt die Pressefreiheit oft nicht hoch genug ein.

Die Einschätzung der Pressefreiheit durch die Öffentlichkeit ist oft nicht hoch genug. (Das Einschätzen der Pressefreiheit ist oft nicht hoch genug, was die Öffentlichkeit anbelangt.)

❹ Erklären Sie in den beiden nachfolgenden Sätzen jeweils das unterstrichene Wort. (1 P.)
• *Zu beklagen ist die Vermischung von Journalismus und PR.*

PR = Public Relations = Öffentlichkeitsarbeit (durch Einsatz von Kommunikationsmitteln)

• *Der Staat muss den elementaren Wert der Pressefreiheit für die Demokratie mehr achten.*

elementar = grundsätzlich, grundlegend, wesentlich

❺ Kreuzen Sie den Satz an, in dem alles richtig geschrieben ist. (0,5 P.)
☐ *Der Öffentliche Respeckt vor dem Journalismus ist daher am schwinden.*
☐ *Der Öffentliche Respeckt vor dem Journalismus ist daher am Schwinden.*
☒ *Der öffentliche Respekt vor dem Journalismus ist daher am Schwinden.*

Gesamtpunktzahl: 6 Punkte

| DRS | Lösung |

Theorieblatt
Bertolt Brecht

Episches Theater

Das Modell dafür wurde von Bertolt Brecht begründet, indem er einen radikalen Bruch mit der Tradition der Dramatik vollzog. Er will verhindern, dass der Zuschauer im ~~miterleben~~ seine Aktivität verbraucht. Verhindert werden soll der Gedanke, dass der Zuschauer nichts ändern kann. Vielmehr soll er erleben, dass das Dargestellte auch anders möglich ist, dass er Handlungsmöglichkeiten hat, dass er etwas verändern kann. Ein solches Theatererlebnis muss das, was auf der Bühne gezeigt wird, „verfremden", es darf nicht als perfekte ~~Illussion~~ präsentiert werden, denn dann würde sich der Zuschauer wieder einfühlen, sondern muss den Zuschauer auf Distanz halten. Diese Distanz wird erzeugt durch den sogenannten „Verfremdungseffekt", der aus Illusionsbrechungen wie einem Ansager oder einem ~~kommentierendem~~ Erzähler, zusätzlichen Informationen durch Spruchbänder, Plakate, Chöre und Projektionen besteht.

❶ Im Text oben befinden sich drei Fehler. Schreiben Sie die Wörter richtig auf die Zeile unten. (1,5 P.)

Miterleben, Ilussion, kommentierenden

❷ Finden Sie die passende Rechtschreibstrategie heraus, um das Wort an der markierten Stelle richtig schreiben zu können. Schreiben Sie auf die Leerzeilen. (1 P.)

a. **k**lassenlos   **Ich achte auf die Nachsilbe.**

b. Prin**zip**ien   **1. Ich muss das Wort lernen.**

                           2. Ich suche ähnliche Wörter.

❸ Streichen Sie jeweils die beiden falsch verwendeten Wörter durch. (1 P.)

• 1933 ~~transferierte~~/emigrierte/~~immigrierte~~ Brecht nach Dänemark, später nach Skandinavien.

• Als Marxist träumte Brecht von einer klassenlosen/~~rasselosen~~/~~masselosen~~ Gesellschaft.

❹ Setzen Sie im Text unten die fehlenden vier Satzzeichen ein. (2 P.)

Auf die Frage, welches Buch ihn am meisten beeinflusst habe, antwortete Brecht**:** „Sie werden lachen **–** die Bibel.**"**

❺ Setzen Sie das passenden Fremdwort auf die Leerzeile. (0,5 P.)

Brecht war durchaus klug genug, seine Grundsätze (_____**Prinzipien**_____) zu relativieren.

Gesamtpunktzahl: 6 Punkte

© pb-Verlag Puchheim • Deutsch Rechtschreiben Neue Kurzdiktate 10. Jahrgangsstufe

| DRS | Lösung |

Theorieblatt
Albert Einstein

Allgemeine Relativitätstheorie

Erst mit seiner Allgemeinen Relativitätstheorie gelang es Einstein, Relativität und Gravitation ~~zusammen zu führen~~ – und das nur, weil er eine alteingesessene physikalische Idee aufgab: Raum und Zeit sind dynamisch, werden durch die in ihr enthaltene Materie verzerrt und beeinflussen ~~ihrerseids~~, wie sich die Materie bewegt. Die neue Theorie macht überraschende Vorhersagen. Beispielsweise, ~~das~~ auch Licht durch Gravitation abgelenkt wird – heute in einer Vielzahl astronomischer Beobachtungen nachgewiesen –, aber auch die Existenz von so exotischen Objekten wie ~~schwarzen~~ Löchern oder von Gravitationswellen.

❶ Im Text oben befinden sich vier Fehler. Streichen Sie die falschen Wörter durch und schreiben Sie diese richtig darunter. (2 P.)

| zusammenzuführen | ihrerseits |
| dass | Schwarzen |

❷ Finden Sie die passende Rechtschreibstrategie heraus, um das Wort an der markierten Stelle richtig schreiben zu können. Kreuzen Sie an. (1 P.)

a. **t**heoretisch
- ☒ Ich muss mir das Wort merken.
- ☐ Ich beachte die Nachsilbe.
- ☐ Ich höre auf den lang gesprochenen Vokal.

b. im **I**nneren
- ☐ Ich muss mir das Wort merken.
- ☒ Ich beachte das Signalwort.
- ☐ Ich leite das Wort ab.

❸ Schreiben Sie den Text unten richtig auf. Jeder Fehler gibt einen halben Punkt Abzug. (2 P.)

JEKOMPAKTERUNDMASSIVEREINOBJEKT,UMSOSTÄRKERDIEGRAVITATIONSWIRKUNGAUFSEINEUNMITTELBAREUMGEBUNG.

Je kompakter und massiver ein Objekt, umso stärker die Gravitationswirkung auf seine unmittelbare Umgebung.

❹ Setzen Sie die jeweils passende Konjunktion ein. (1 P.)

Wenn ein Raumschiff mit Lichtgeschwindigkeit fliegt, **dann** vergeht nach der allgemeinen Relativitätstheorie keine Zeit, sie wird ins Unendliche gedehnt.

Gesamtpunktzahl: 6 Punkte

Top in Topografie – Band 1
Deutschland / Europa

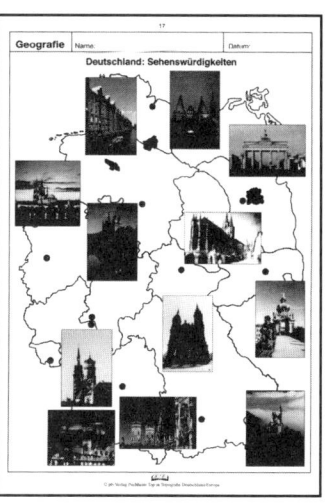

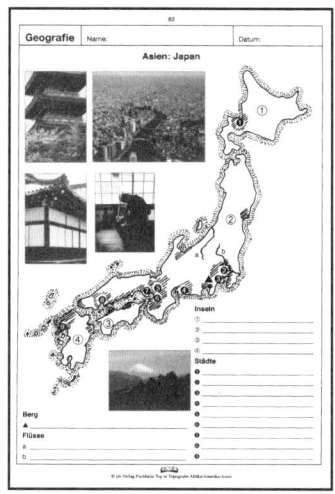

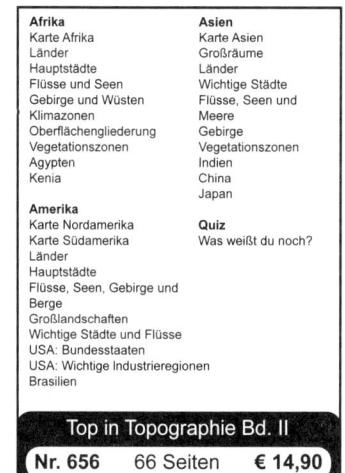

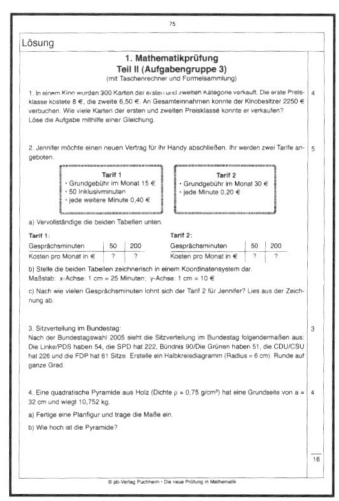

Deutschland
- Karte Deutschland
- Bilder Deutschland
- Bundesländer mit Hauptstädten
- Wichtige Städte
- Flüsse und Seen
- Gebirge
- Industriezentren
- Sehenswürdigkeiten

Europa
- Karte Europa
- Bilder Europa
- Länder
- Großräume und Meere
- Flüsse
- Gebirge und Inseln
- Wichtige Städte
- Sehenswürdigkeiten
- Schweiz/Österreich
- Frankreich
- Skandinavien
- Großbritannien
- Spanien
- Italien

Quiz
- Was weißt du noch? (1)
- Was weißt du noch? (2)

Top in Topographie Bd. I
Nr. 642 — 48 Seiten — € 12,90

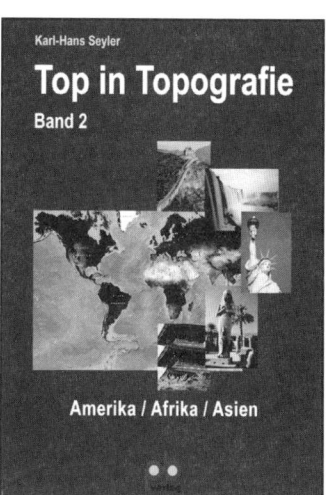

Top in Topografie – Band 2
Amerika / Afrika / Asien

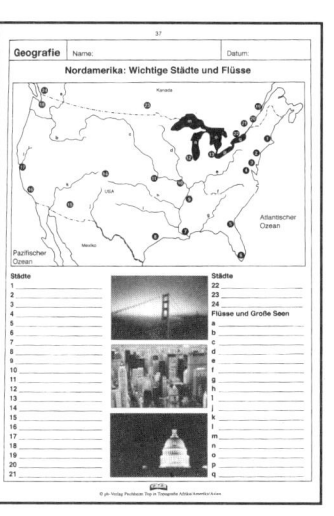

Afrika
- Karte Afrika
- Länder
- Hauptstädte
- Flüsse und Seen
- Gebirge und Wüsten
- Klimazonen
- Oberflächengliederung
- Vegetationszonen
- Ägypten
- Kenia

Amerika
- Karte Nordamerika
- Karte Südamerika
- Länder
- Hauptstädte
- Flüsse, Seen, Gebirge und Berge
- Großlandschaften
- Wichtige Städte und Flüsse
- USA: Bundesstaaten
- USA: Wichtige Industrieregionen
- Brasilien

Asien
- Karte Asien
- Großräume
- Länder
- Wichtige Städte
- Flüsse, Seen und Meere
- Gebirge
- Vegetationszonen
- Indien
- China
- Japan

Quiz
- Was weißt du noch?

Top in Topographie Bd. II
Nr. 656 — 66 Seiten — € 14,90

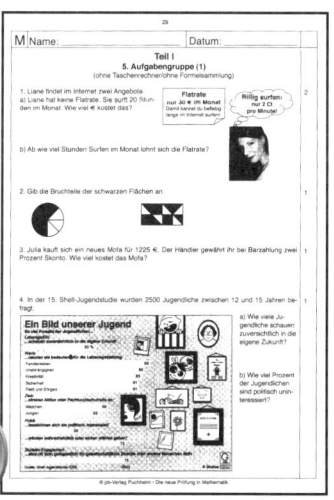

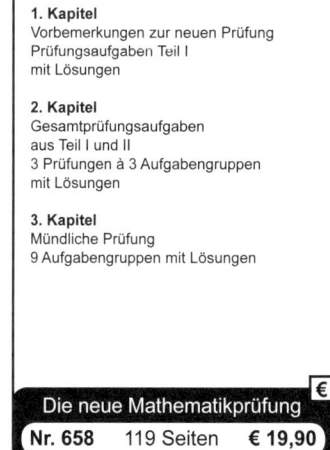

Die neue Mathematikprüfung

1. Kapitel
Vorbemerkungen zur neuen Prüfung
Prüfungsaufgaben Teil I
mit Lösungen

2. Kapitel
Gesamtprüfungsaufgaben
aus Teil I und II
3 Prüfungen à 3 Aufgabengruppen
mit Lösungen

3. Kapitel
Mündliche Prüfung
9 Aufgabengruppen mit Lösungen

Die neue Mathematikprüfung
Nr. 658 — 119 Seiten — € 19,90

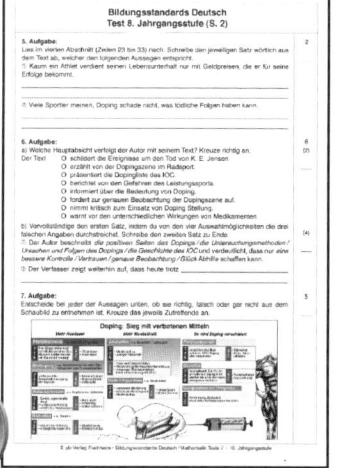

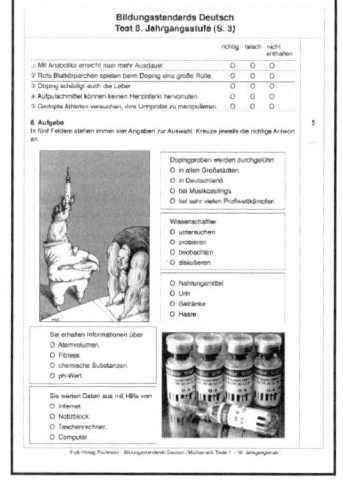

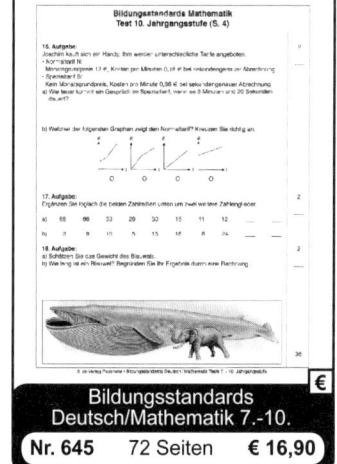

Bildungsstandards Deutsch/Mathematik
7. – 10. Klasse
Tests zur Leistungsfeststellung

Bildungsstandards Deutsch/Mathematik 7.-10.
Nr. 645 — 72 Seiten — € 16,90

Stand der Preise 2009 - Bitte beachten Sie unsere aktuelle Preisliste!

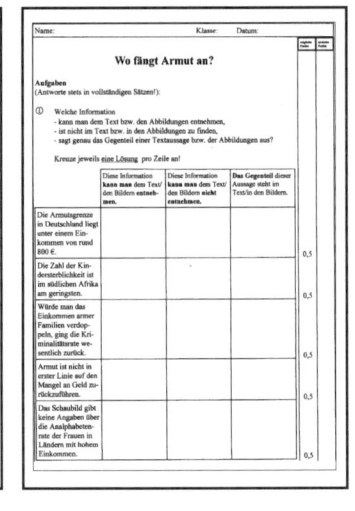

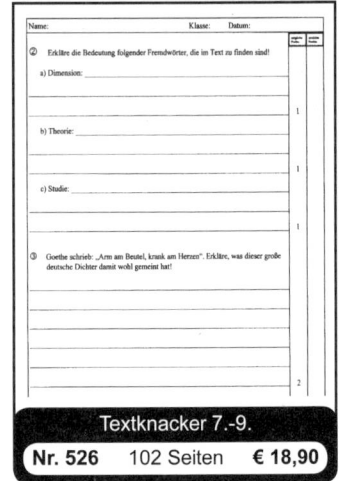

UNTERRICHTSPRAXIS

Hans Bayerl
Textknacker
7.-9. Jahrgangsstufe
Lesetexte besser verstehen

- Literarische Texte
- Sachtexte
- Rätsel

• ARBEITSBLÄTTER mit Lösungen • FOLIENVORLAGEN

Textknacker 7.-9.
Nr. 526   102 Seiten   € 18,90

Anton Schaller
LIEBE
...und jeder meint was anderes...

25 Geschichten zum Lesen und Diskutieren

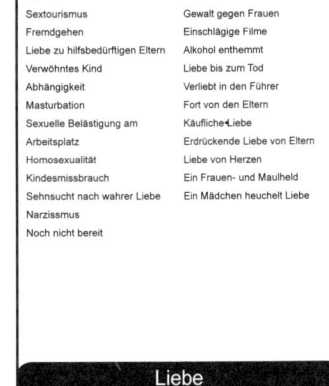

Themen

Schwärmerei für Stars	Krankhafte Tierliebe
Sextourismus	Gewalt gegen Frauen
Fremdgehen	Einschlägige Filme
Liebe zu hilfsbedürftigen Eltern	Alkohol enthemmt
Verwöhntes Kind	Liebe bis zum Tod
Abhängigkeit	Verliebt in den Führer
Masturbation	Liebe von den Eltern
Sexuelle Belästigung am Arbeitsplatz	Käufliche Liebe
Homosexualität	Erdrückende Liebe von Eltern
Kindesmissbrauch	Liebe von Herzen
Sehnsucht nach wahrer Liebe	Ein Frauen- und Maulheld
Narzissmus	Ein Mädchen heuchelt Liebe
Noch nicht bereit	

Liebe
Nr. 999   54 Seiten   € 13,90

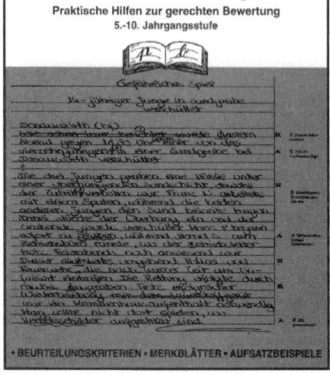

Unterrichtspraxis
Karl-Hans Seyler
Aufsatzkorrektur - leicht gemacht
Praktische Hilfen zur gerechten Bewertung
5.-10. Jahrgangsstufe

• BEURTEILUNGSKRITERIEN • MERKBLÄTTER • AUFSATZBEISPIELE

Vorwort
Inhaltsverzeichnis
Wichtige Korrekturzeichen (Vorschlag)

Merkblatt, Bewertungsblatt und ausgewählte Schüleraufsätze für
• Nacherzählung (Jg. 5./6.)
• Erlebniserzählung (Jg. 5./6.)
• Bildergeschichte (Jg. 5./6.)
• Bericht (Jg. 6./7.)
• Gegenstands- und Vorgangsbeschreibung (Jg. 7./8.)
• Bildbeschreibung (7./8.)
• Inhaltsangabe (Jg. 7.-10.)
• Protokoll (Jg. 7.-10.)
• Lebenslauf und Bewerbungsschreiben (Jg. 8.-10.)
• Argumentation/Stellungnahme (8.-10.)
• Erörterung (Jg. 9.10.)
• Analyse von literarischen Texten (Jg. 9.-10.)
• Analyse von Sachtexten (Jg. 9.-10.)

Mit Hilfe dieses Buches werden Sie
❶ zügiger korrigieren
❷ gerechter bewerten
❸ Transparenz schaffen
❹ Ihren Schülern individuelle Hilfen geben können
❺ die Aufsatzleistung Ihrer Schüler verbessern
❻ in kürzester Zeit über die wichtigen Aufsatzarten informiert sein

In jeder Sequenz werden folgende Materialien angeboten:

❶ **Das Merkblatt zur passenden Aufsatzart mit Lösungsblatt**
Es ist nach der Erarbeitung in der Klasse für die Hand des Schülers bestimmt.

❷ **Das Bewertungsblatt zur passenden Aufsatzart**
Dieses ist in einem inhaltlichen und einen sprachlichen Teil untergliedert.
Beide Bereiche sind gleich gewichtet. Die maximal zu vergebenden Punkte stehen in Klammern hinter den einzelnen
Bewertungskriterien. Die tatsächlich erreichten Punkte tragen Sie
rechts am Rand auf die Striche ein. Eine Bewertungsskala ist immer
dabei. Sie finden diese auf dem Bewertungsblatt ganz unten.
Auch dieses Blatt ist für die Hand des Schülers bestimmt und
liegt nach Ihrer Bearbeitung dem korrigierten Aufsatz bei.

❸ **Ein korrigierter Schüleraufsatz (Aufsatz 1)**
Die Korrekturzeichen am Rand sind auf ein Minimum reduziert
und können von Ihnen selbst nach Belieben modifiziert werden.
Betrachten Sie die Korrekturzeichen auf der Seite 4 nur als

Vorschlag. Interpunktionsfehler (I) habe ich in den korrigierten Aufsätzen nicht am Rand vermerkt.

❹ **Ein nicht korrigierter Schüleraufsatz (Aufsatz 2)**
Sie können diesen Aufsatz entweder selbst oder zusammen mit Ihrer Klasse korrigieren. Schüler motiviert es außerordentlich, einen Aufsatz „ihrem Niveau" verbessern zu dürfen.

❺ **Ein ausgefülltes Bewertungsblatt**
Das zu obigem Aufsatz ausgefüllte Bewertungsblatt ist nur ein Vorschlag.

❻ **Der korrigierte Schüleraufsatz (Aufsatz 2)**
Er dient nur zur Ihrer Kontrolle.

Aufsatzkorrektur leicht gemacht
Nr. 523   144 Seiten   € 21,90

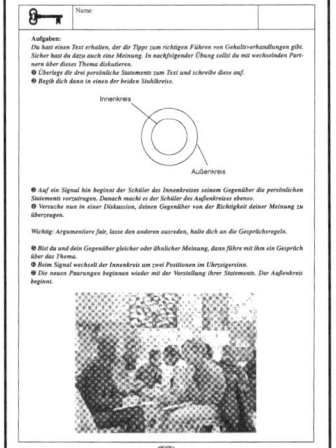

UNTERRICHTSPRAXIS
Frank Didschies
Schlüsselqualifikationen trainieren
7. - 10. Jahrgangsstufe

• Infos verarbeiten • Im Team arbeiten
• Meinungen äußern

Infos verarbeiten: Clustering, Fragelandschaft, Galeriebetrieb, Arbeitsblatt erstellen, Mindmapping, Kreuzworträtsel

Im Team arbeiten: Rätsel entwickeln, Zielfindungsmethode, Gruppenpuzzle, Frage-Antwort-Memory, Stamm-Expertengruppen-Gespräch, Jeopardy

Meinungen äußern: Thesenpapier erstellen, Schreibgespräch, Argumentieren im Innen-, Außenkreis, Argumentationsmodelle, Stehzirkel und Aquarium, Gesprächszirkel-Offene Rollenspiele, Argumentationsolympiade, Stimmungsbarometer und anschließendes Aquarium

Zusammenfassen und präsentieren: Vortragskarussell, „STEX": Stamm- und Expertengruppen, Referattraining, Interview, Aussagen-Puzzle, Karussell-Gespräch, Freies Reden, Stegreifreden

Schlüsselqualifikationen trainiern 7.-10.
Nr. 540   136 Seiten   € 20,90

Stand der Preise 2009 - Bitte beachten Sie unsere aktuelle Preisliste!